Peter Erath

Von der Konzeption zum Qualitätshandbuch

Weiterentwicklung und Qualitätssicherung in der Kita

*unter Mitarbeit
von Edith Schmitz und Franz Schwarzkopf*

Don Bosco

**Geheimnisvolle Zeichen?!
Ganz einfach!**

 Wenn Sie die Arbeit in Ihrer Kindertageseinrichtung auf der Basis Ihrer Konzeption weiterentwickeln wollen

 und Unterstützung suchen bei der Definition praxisnaher Qualitätsstandards, wird Ihnen das Muster-Qualitätshandbuch ein hilfreicher Leitfaden sein.

Die Deutsche Bibliothek – CIP-Einheitsaufnahme

Ein Titeldatensatz für diese Publikation ist bei Der Deutschen Bibliothek erhältlich.

1. Auflage 2001 / ISBN 3-7698-1312-X
© 2001 Don Bosco Verlag, München
Umschlag: Michael Brandel
Titelfoto: Micha Pawlitzki
Fotos: Fachberatung der Caritas
in den Diözesen Eichstätt und Regensburg
Produktion: Don Bosco Grafischer Betrieb, Ensdorf

Gedruckt auf umweltfreundlichem Papier

Inhalt

**Einführung
Die neue Aufgaben von Kindertageseinrichtungen erfordern ein modernes Management** 7

Kindertageseinrichtungen auf dem Weg zu modernen sozialen Dienstleistungsunternehmen 7
Worum es in diesem Buch geht: Der Weg von der Konzeption zum Qualitätshandbuch 8
Nicht alles wird anders – deshalb Vorsicht mit dem Kundenbegriff 8
Wie dieses Buch aufgebaut ist 10
Wie man dieses Buch nutzen kann 11

**Kapitel 1
Eine Konzeption reicht nicht mehr aus – ein Qualitätshandbuch muss entwickelt werden** 13

1. Konzeptionen: wie wurden sie gemacht? Wie sehen sie aus? 13
2. Die Schwächen klassischer Konzeptionen – aus heutiger Sicht 16
3. Der Weiterentwicklungsbedarf von Konzeptionen: Wo muss man ansetzen? 20
4. Das Qualitätshandbuch 22

Aufgabe des Qualitätshandbuchs .. 22
Teilsysteme des Qualitätshandbuchs 23
Aufbau des Qualitätshandbuchs 26

**Kapitel 2
Von der Konzeption zum Qualitätshandbuch** 28

1. Aus dem Trägergrußwort wird ein Trägerleitbild 28
2. Aus der freundlichen Selbstdarstellung wird ein klar formuliertes Team-Selbstverständnis 31
3. Aus der Formulierung guter Absichten wird die Qualitätspolitik 34
4. Aus dem pädagogischen Angebot wird das Dienstleistungsangebot ... 36
5. Aus der Darstellung der pädagogischen Arbeit wird ein Profil 39
6. Aus vagen Zielbeschreibungen werden konkrete Zielaussagen 42
7. Aus allgemeinen Versprechen werden konkrete Ergebnis- bzw. Wirkungsaussagen 44
8. Aus Angeboten werden Leistungen 48

Inhalt

9. Kern- und Schlüsselprozesse sowie einrichtungseigene Qualitätsstandards sichern das Dienstleistungsversprechen und eine hohe Prozessqualität 50
   Aus einzelnen Maßnahmen zur Leistungssicherung wird die kontrollierte Gestaltung, Planung und Lenkung des Kernprozesses 50
   Zusätzliche Schlüsselprozesse dienen der Absicherung des Leistungsversprechens 54
   Aus allgemeinen Prozessbeschreibungen werden einrichtungseigene Qualitätsstandards 55
10. Aus schriftlichen Unterlagen wird ein Dokumentationssystem 58
11. Von freien Formen der Reflexion zur systematischen Evaluation 60
12. Klärung und Pflege grundlegender Organisationsstrukturen 64
13. Von der Teampflege zur systematischen Personalentwicklung 65
14. Ressourcenmanagement 68

Kapitel 3
Wie man ein Qualitätsmanagementsystem aufbauen und pflegen kann 70

1. Veröffentlichen oder geheim halten? – Das Qualitätshandbuch im Rahmen der Öffentlichkeitsarbeit 70
2. Unterschiedliche Managementebenen regeln die Verantwortlichkeiten 72
3. Alte und neue Gremien erleichtern den Aufbau und die Pflege des Systems 75
4. Mitarbeiterinnenschulung während des Aufbauprozesses stärkt Kompetenzen und sichert die Motivation 78
5. Die kontinuierliche Systempflege schützt das System vor Verkrustung 78
6. Externe Beratung hilft, die blinden Flecken zu erkennen 79

Kapitel 4:
Wie ein Qualitätshandbuch ganz konkret aussehen kann: Das Muster-Qualitätshandbuch 83

Ein Muster – muss das sein? 83
Muster-Qualitätshandbuch, Band I 86
Muster-Qualitätshandbuch, Band II 97
Zentrale pädagogische Qualitätsstandards 97
Zentrale strukturelle Standards 121
Evaluationsverfahren 142
Dokumentationssystem 165
Muster-Qualitätshandbuch, Band III ... 185

Literatur 186

Einführung
Die neuen Aufgaben von Kindertageseinrichtungen erfordern ein modernes Management

Kindertageseinrichtungen auf dem Weg zu modernen sozialen Dienstleistungsunternehmen

Neue gesetzliche Grundlagen, veränderte gesellschaftliche Rahmenbedingungen und gestiegene Anforderungen an alle sozialen Einrichtungen haben auch im Bereich der Kindertageseinrichtungen zu gravierenden Veränderungen geführt. Die Anforderungen an die Qualität der pädagogischen Arbeit steigen ständig, zurückgehende Kinderzahlen verstärken die Konkurrenzsituation zwischen den Einrichtungen und bringen die Eltern in die Position, konkrete Anforderungen an die Arbeit der Einrichtung zu stellen. In fast allen Bundesländern werden neue Finanzierungs- und Fördermodelle diskutiert, gleichzeitig werden Wettbewerbsstrukturen aufgebaut. Der Markt soll bringen, was offensichtlich dem bisherigen System nicht gelungen ist: mehr Qualität und Quantität an Dienstleistungen bei gleichzeitig sinkenden Kosten.
Natürlich ist es verständlich, wenn Leiterinnen und Mitarbeiterinnen in Kindertageseinrichtungen auf solche Forderungen gereizt reagieren: Mehr Qualität bei sinkenden Kosten, ist das nicht ein Ding der Unmöglichkeit? Und überhaupt – war denn die Qualität in der Kindertageseinrichtung wirklich so schlecht? Sollte man sich also dieser neuen Perspektive am besten widersetzen? Oder gleich kapitulieren und davonlaufen?

Diese Alternativen sind sicher wenig hilfreich, denn nicht nur die Kindertageseinrichtungen, sondern auch die anderen sozialen Organisationen müssen sich zu modernen sozialen Dienstleistungsunternehmen wandeln. Es gilt also, sich der neuen Herausforderung zu stellen, den Spagat zwischen pädagogisch-sozialem Engagement einerseits und rational-wirtschaftlicher Betriebsführung andererseits zu schaffen. Er kann gelingen, wenn die Einrichtung rechtzeitig damit beginnt, sich auf die neuen Spielregeln und die damit verbundenen Anforderungen an Mitarbeiterinnen, Leiterinnen und Träger einzulassen. Und – einmal begonnen und richtig angelegt – führt der Einstieg ins Qualitätsmanagement nicht

Einführung

nur zu einer beträchtlichen Qualitätssteigerung, sondern auch zu einer höheren Arbeitszufriedenheit.

Worum es in diesem Buch geht: Der Weg von der Konzeption zum Qualitätshandbuch

Sich zu einem modernen sozialen Dienstleistungsunternehmen zu entwickeln, muss nicht heißen, alles Bisherige über Bord zu werfen und noch einmal ganz von vorne zu beginnen. Vieles von dem, was Träger, Leiterinnen und Mitarbeiterinnen in Kindertageseinrichtungen bisher gemacht haben, war richtig und wird auch in Zukunft nicht falsch sein. Jetzt geht es darum, die bisherigen Instrumente zur Führung und Steuerung der Organisation Kindertageseinrichtung als Bausteine und Ausgangspunkte für die Entwicklung neuer, der gesellschaftlichen Situation eher angemessener Instrumente zu verwenden. Es gilt, ein Qualitätsmanagementsystem aufzubauen, das die kontinuierliche Weiterentwicklung der Einrichtung sichert und eine hohe Gesamtqualität garantiert.

Dies zu tun, ist nicht so schwer, wie es vielleicht auf den ersten Blick aussieht, und niemand sollte sich vorschnell durch neue Begriffe aus der Ruhe bringen lassen. Denn Begriffe wie Qualitätsmanagement, Qualitätsstandards, Evaluationsverfahren, Ressourcenmanagement etc. verlieren dann ihren Schrecken, wenn man erkennt, dass es sich hier lediglich um Weiterentwicklungen von Aspekten handelt, die im Bereich der Kindertageseinrichtungen seit vielen Jahren angewendet werden. Viele Einrichtungen besitzen bereits eine Konzeption, die man heute als ein klassisches Steuerungsinstrument der Arbeit einer Kindertageseinrichtung bezeichnen könnte. Dieses Instrument hat grundsätzlich auch in einer modernen Organisationsperspektive nicht an Bedeutung verloren. Nur muss es heute angesichts veränderter Umweltbedingungen weiterentwickelt werden, wobei der Weg der Weiterentwicklung der Organisation Kindertageseinrichtung in Zukunft von der Konzeption zum Qualitätshandbuch führen wird!

Nicht alles wird anders – deshalb Vorsicht mit dem Kundenbegriff

In diesem Buch wird von Eltern und Kindern bewusst nicht als »Kunden« gesprochen werden, obwohl dies in der gängigen Literatur inzwischen häufig vorkommt. Dies geschieht aus dreierlei Gründen:

(1) Eltern und Kinder können sich natürlich als »Kunden« von Kindertageseinrichtun-

Einführung

gen betrachten, insbesondere dann, wenn sie damit zum Ausdruck bringen möchten, dass Kindertageseinrichtungen sich an ihren Bedürfnissen und Erwartungen zu orientieren haben. Dies ändert aber nichts an der Tatsache, dass der Kundenbegriff die Wirklichkeit nicht richtig erfasst, da Eltern und Kinder das »Produkt« Kindergartenplatz nur zu einem Teil bezahlen. Sie sind keine autonomen Kunden, sondern zu einem großen Teil davon abhängig, was die Kommunen und Länder zu bezahlen und die Träger anzubieten bereit sind. Und daran ändern auch Neuerungen wie zum Beispiel die »kitacard«, die in Hamburg geplant ist, nicht viel.

(2) Insbesondere aus pädagogischen Gründen macht es wenig Sinn, Kinder und Eltern als »Kunden« zu klassifizieren. Denn Erzie-

Einführung

hung, Bildung und Betreuung von Kindern spielt sich nie im wertfreien Raum ab, sondern setzt das Vorhandensein bestimmter Werte voraus, auf die es sich mit den Eltern, die auch während der Kindergartenzeit Erziehungsberechtigte bleiben, zu verständigen gilt. Da Eltern und Erzieherinnen aber mitunter unterschiedliche Wertvorstellungen in der Erziehung haben, diese Differenzen jedoch nicht zu Lasten der Kinder ausgetragen werden dürfen, muss es den Erzieherinnen gelingen, die Eltern von ihrem pädagogischen Konzept zu überzeugen oder besser, ihre Vorstellungen mit denen der Eltern so auszuhandeln, dass eine situationsangepasste optimale Qualität entstehen kann.

(3) Würden Eltern nur als »Kunden« wahrgenommen, so könnte dies zu einer Verschlechterung der pädagogischen Arbeit in den Einrichtungen führen, zum Beispiel da, wo Eltern keine großen Erwartungen an die Qualität haben und den »Billigkindergarten« bevorzugen. Es könnte andererseits da zu einer überzogenen Pädagogisierung führen, wo Eltern die Kindertageseinrichtung mit Forderungen überhäufen, denen sich diese aus ökonomischen Erwägungen nicht entziehen kann. Damit dies nicht geschieht, müssen Eltern als Interessenpartner für die Erziehung der Kinder gewonnen werden. Und natürlich genauso der Träger, die Kommune und die Mitarbeiterinnen, die alle dazu beitragen müssen, dass die Aufgabe optimal gelingt.

Einrichtungen, die sich stark kundenorientiert verhalten, werden am Ende feststellen, dass man ihnen ihre hohe Flexibilität und ihr ständiges Eingehen auf Kundenwünsche nicht adäquat belohnen wird. Auch wenn Sie also Ihre Kindertageseinrichtung von den Serviceleistungen her »auf den Kopf stellen«, werden Sie dafür nicht mehr Gehalt und Anerkennung bekommen. Deshalb sollten Sie sich – bei aller Dienstleistungsorientierung – weiterhin Ihrem sozialen und pädagogischen Engagement verpflichtet fühlen, Eltern und Kinder ernst nehmen und den von außen an die Einrichtung herangetragenen Konkurrenzgedanken nicht noch weiter verstärken.

Wie dieses Buch aufgebaut ist

Zunächst wird in einem ersten Kapitel begründet, warum einerseits die Konzeption nach wie vor ein wichtiges Instrument zur Steuerung einer Kindertageseinrichtung darstellt, andererseits aber dieses nicht mehr ausreicht, um den komplexen Anforderungen zu genügen. Gezeigt wird zugleich, dass ähnlich wie in der freien Wirtschaft Qualitätsmanagementsysteme aufgebaut werden müssen, da nur diese in der Lage sind, die Gesamtqualität einer Einrichtung langfristig auf einem hohen Niveau zu sichern. Schließlich werden einzelne Teilsysteme eines Qualitätsmanagementsystems kurz erläutert und das Qualitätshandbuch als neues Steuerungsinstrument für Kindertageseinrichtungen vorgestellt.

Im zweiten Kapitel wird dann Schritt für Schritt dargestellt, wie aus einer Konzeption ein Qualitätshandbuch entwickelt werden kann. Dabei werden die einzelnen Teilsysteme des Qualitätsmanagementsystems zunächst bezüglich ihrer Grundbegriffe eingeführt und bezüglich ihrer Bedeutung vorgestellt. Dann wird jeweils an Beispielen gezeigt, wie bereits vorhandene Elemente von Einrichtungskonzeptionen so weiterentwickelt werden können, dass sie den erforderlichen Standards entsprechen.

Im dritten Kapitel werden wichtige Gremien und Managementinstrumente benannt und vorgestellt, die dabei helfen können, das Qualitätsmanagementsystem zu entwickeln, zu pflegen und kontinuierlich weiterzuentwickeln. Auf diese Weise werden die Voraussetzungen dafür geschaffen, dass eine Kindertageseinrichtung zur »lernenden Organisation« werden kann. Eine solche Organisation ermöglicht es ihren Mitarbeiterinnen, das Lernen zu lernen und sich auf die

Einführung

Zukunft vorzubereiten: Alle Beteiligten stehen den sich vollziehenden Veränderungen und den daraus neu erwachsenden Anforderungen an die Einrichtung offen gegenüber. Notwendige Veränderungsprozesse werden – zumal sie in Zukunft immer schneller ablaufen werden – nicht kategorisch abgelehnt, sondern fachlich kompetent und effektiv umgesetzt.

In einem vierten Kapitel wird schließlich ein Musterhandbuch vorgestellt, das von einer fiktiven Kindertageseinrichtung ausgeht. Natürlich kann und darf ein solches Muster nicht einfach übernommen werden. Sicher aber kann es helfen, die sehr komplexe Aufgabe, ein einrichtungseigenes Qualitätshandbuch zu entwerfen, beispielhaft zu veranschaulichen. Viele Einrichtungen werden sich vielleicht daran orientieren, die guten und sehr guten werden darüber hinausgehen!

Wie man dieses Buch nutzen kann

Die Leserinnen, die sich dazu entschließen, einzelne Teilaspekte ihrer bisherigen Einrichtungskonzeption zu verbessern, sollten sich anhand der Darstellungen in Kapitel 1.4 diejenigen Teildimensionen heraussuchen, die sie für besonders bedeutsam halten. Der entsprechende Unterpunkt von Kapitel 2

Einführung

bietet die Informationen und Hinweise für den systematischen Aufbau des jeweiligen Teilsystems. Auf diese Weise kann das Qualitätsmanagementsystem von allen Teildimensionen her begonnen und je nach Bedarf und vorhandener Zeit weitergeführt werden.

Die Leserinnen, die ihr Qualitätsmanagementsystem möglichst systematisch entwickeln möchten, sollten sich zunächst (mit ihrem Team) sehr eingehend mit den Kapiteln 1 und 3 auseinander setzen. Denn je höher der Bewusstseinsstand eines Teams über die Bedeutung und Dringlichkeit von Weiterentwicklungen, um so besser ist die Ausgangsposition für die sich daran anschließenden Umsetzungsschritte. Dann sollten die einzelnen Schritte, wie in Kapitel 2 dargelegt, sehr sorgfältig geplant und umgesetzt werden. Dabei kommt es entscheidend darauf an, innerhalb eines klar bemessenen Zeitraums von zum Beispiel zwei Jahren den Aufbau des Systems abzuschließen. Es ist besser, später noch einmal Veränderungen und Ergänzungen bezüglich des Qualitätsmanagementsystems vorzunehmen, als über allzu lange Zeit ein unvollendetes System zu haben.

Die Leserinnen, die zunächst einmal wissen wollen, wie ein Qualitätshandbuch aufgebaut ist und was es enthält, können gleich mit Kapitel 4 beginnen. Dort finden Sie ein Muster vor, das dabei helfen kann, die Angst vor dem großen Schritt von der Konzeption zum Qualitätshandbuch zu überwinden.

Kapitel 1
Die Konzeption reicht nicht mehr aus –
ein Qualitätshandbuch muss entwickelt werden

Üblicherweise haben Leiterinnen und Teams versucht, den Anforderungen von außen durch Konzeptionsbildung gerecht zu werden und auf diese Weise eine hohe Qualität zu sichern. In diesem Kapitel wird gezeigt, warum das Instrument der Konzeption wichtig war und ist, in Zukunft aber nicht mehr ausreichen wird, um den zunehmenden Erwartungen und Ansprüchen der Interessenpartner gerecht zu werden. Dazu wird zunächst gezeigt, wie Einrichtungskonzeptionen bisher »gemacht« wurden (1.), dann werden die verschiedenen Schwächen solcher Einrichtungskonzeptionen aufgezeigt (2.). Schließlich wird dargelegt, warum nur ein umfassendes Qualitätsmanagementsystem in der Lage ist, den zukünftigen Anforderungen an Kindertageseinrichtungen zu genügen (3.) und warum das Qualitätshandbuch als ein modernes Steuerungsinstrument an die Stelle der alten Konzeption treten muss (4.).

1. Konzeptionen: Wie wurden sie gemacht? Wie sehen sie aus?

Die ersten Schritte

Schon seit Beginn der 70-er Jahre beschäftigen sich Kindertageseinrichtungen mit der Erstellung von Konzeptionen. Initiiert wurden diese Prozesse durch die Fachdiskussion, die zur Erkenntnis führte, dass letztlich nur eine Konzeption eine tragfähige Grundlage für die Zusammenarbeit im Team bieten kann. Mit der Verabschiedung des Kinder- und Jugendhilfegesetzes im Jahre 1990 und dem damit verbundenen Planungsauftrag des übergreifenden Trägers (§ 79 KJHG) wurde dann die Konzeption zu einer Grundvoraussetzung für die Positionierung der Einrichtung innerhalb ihres regionalen Einzugsbereichs.

Die Konzeption reicht nicht mehr aus

> **? Was bringt eine Konzeption?**
> Eine Konzeption dient der Begründung und Darstellung der pädagogischen Arbeit einer Kindertageseinrichtung. Die Konzeptionsschrift soll Außenstehenden die Art und Weise deutlich machen, wie in der Einrichtung gearbeitet wird.

Die Vorgehensweise beim Erstellen von Konzeptionen war und ist bis heute sehr unterschiedlich. Während der ersten »Konzeptionsjahre« war es meist Sache der Leiterin, eine Konzeption zu erstellen. In Arbeitsgemeinschaften setzten sich Leiterinnen mehrerer Einrichtungen zusammen und formulierten Grundsätze und Ziele der pädagogischen Arbeit. Im Laufe der Zeit entwickelte sich die Arbeit an der Konzeption zur Teamarbeit, wurden alle Mitarbeiterinnen umfassend an dem Prozess beteiligt. Ob schließlich eine fertige Konzeption vorhanden war, hing vom Durchhaltevermögen, der Diskussionskultur im Team sowie den zur Verfügung stehenden Rahmenbedingungen wie Zeit, Mittel, fachliche Begleitung etc. ab.

Wie wurden Konzeptionen bisher gemacht?

Aufgrund der unterschiedlichen Bedingungen, unter denen die Konzeptionserstellung erfolgte, ist das, was unter dem Stichwort Konzeption heute präsentiert wird, entsprechend bunt. Während sich die einen aus eigener Kraft mit Hilfe einschlägiger Fachliteratur auf den Weg machten, holten sich andere bei der Erstellung die Unterstützung durch Fortbildungsveranstaltungen und/oder durch die Fachberatung. Von Besprechungen im Team über Konzeptionstage bis hin zu Wochenendseminaren erstreckte sich die zeitliche Dimension des oft jahrelangen Entwicklungsprozesses.

Konzeptionsentwicklung – mit oder ohne Träger und Eltern

Eher selten beteiligten sich Vertreter der Trägerschaft aktiv am Prozess der Konzeptionserstellung. Die Mitwirkung war zumeist auf die Formulierung eines Vorworts begrenzt, verbunden mit guten Wünschen für die weitere Arbeit. Die Chance, mit Hilfe der Konzeption einen gemeinsamen Nenner zu finden, der anschließend für alle Beteiligten verbindlich ist, wurde meist von den Trägervertretern nicht erkannt.

Dagegen wurden interessierte Eltern häufiger in die Konzeptionsentwicklung aktiv eingebunden. Insbesondere der Aspekt »Zusammenarbeit mit den Eltern« wurde gemeinsam mit ihnen entwickelt und anschließend niedergeschrieben. Allerdings hing auch dies sehr stark vom sich permanent verändernden Stand des Engagements der Eltern für die Einrichtung ab.

Die Konzeption reicht nicht mehr aus

Mustergliederung einer Konzeption

1. Vorwort
2. Rahmenbedingungen
3. Lebenssituation der Kinder und Eltern
4. Ziele für die pädagogische Arbeit mit Kindern und Begründung
    - 4.1 Entwicklungsbedingungen und -möglichkeiten des einzelnen Kindes in der Einrichtung
    - 4.2 Soziale Kontakte zwischen den Kinderns und zwischen Kindern und Erwachsenen
    - 4.3 Angebote und integrative Förderung in versch. Entwicklungsbereichen
    - 4.4 Gesundheit und Ernährung (Essenssituationen, Küche, Schlafen, Hygiene und Pädagogik ...)
5. Mögliche Formen pädagogischer Arbeit
6. Exemplarischer Tagesablauf
7. Ziele und Formen der Zusammenarbeit mit Eltern und Begründung
8. Zusammenarbeit der Mitarbeiterinnen
    - 8.1 Zuständigkeiten
    - 8.2 Mitarbeiterbesprechungen
    - 8.3 Fortbildung
9. Zusammenarbeit mit anderen Institutionen

Aus: Irsken/Preissing (o.J.), Damit wir wissen, was wir tun! Methoden zur Erstellung eines pädagogischen Konzepts, S. 19 f.

Verschiedene Konzeptionstypen

Insgesamt lassen sich Konzeptionen nach den folgenden Merkmalen einteilen:

- Die ausführliche Konzeption mit Aussagen zur pädagogischen Zielsetzung bis hin zu detaillierten Ablaufbeschreibungen.
- Konzeptionelle Kurzbeschreibungen mit eher allgemeinen Aussagen über die Ziele und Rahmenbedingungen der Einrichtung.
- Das »Kindergarten-ABC«, das schwerpunktmäßig auf die Gruppe der »neuen« Eltern zielt. Es reicht von »A« wie Aufnahmebedingungen bis »Z« wie Zähne putzen.
- Faltblätter mit stichwortartiger Kurzbeschreibung der Kindertageseinrichtung (speziell als Informationsblatt für interessierte Eltern gedacht).

Der optische Auftritt von Konzeptionen

Die optische Aufmachung von Konzeptionen ist ebenso bunt. Die Bandbreite beginnt bei der Lose-Blatt-Sammlung und endet bei der Hochglanzbroschüre mit professionellem Design. Dieses ist ein deutliches Zeichen dafür, dass die Mühen des Teams in manchen Fällen auch von der Trägerschaft honoriert und entsprechende Mittel zur Gestaltung bereitgestellt wurden. Eigene Logos und Slogans (zum Beispiel »Bei uns machen Ihre Kleinen große Sprünge«) sorgen zudem für die Unverwechselbarkeit der Konzeption.

Die Konzeption reicht nicht mehr aus

2. Die Schwächen klassischer Konzeptionen – aus heutiger Sicht

Betrachtet man rückblickend die so zahlreich vorliegenden, vielfältigen Konzeptionen, so kann man erfreut feststellen: Viele Teams haben es geschafft! Sie haben ihre Arbeit auf eine fachliche und qualitative Basis gestellt, sie haben ihr Konzept offen gelegt und sind damit ihrer Verantwortung gegenüber Kindern und Eltern gerecht geworden. Das verdient hohe Anerkennung!

Betrachtet man Konzeptionen jedoch vor dem Hintergrund der Veränderungen, die sich in den letzten Jahren im Bereich der Kindertageseinrichtungen abgespielt haben (das Stichwort Dienstleistungsorientierung soll hier genügen), so wird schnell deutlich, dass die klassische Form der Konzeption nicht mehr ausreicht, um den Erwartungen, die an eine Kindertageseinrichtung heute und in Zukunft gestellt werden, gerecht zu werden. Schärft man dazu den Blick auf die Konzeptionen von Kindertageseinrichtungen durch Erkenntnisse im Bereich der Organisationstheorie und des Qualitätsmanagements, so kann man in den verschiedenen Konzeptionsschriften folgende Mängel entdecken:

Fehlende Verbindlichkeit
Während einzelne Teams in ihrer Arbeit zügig vorankamen, sind andere hoffnungslos im Entwicklungsprozess stecken geblieben. Fragmente von Konzeptionen verschwanden im Schreibtisch der Leiterin. Erneute Versuche nach einem Leitungswechsel scheiterten, weil in dieser Kindertageseinrichtung die Konzeption zur »Horrorvision« geworden war: »Um Gottes Willen – nicht schon wieder! Das bringt doch nichts und nimmt uns bloß unnötig Zeit weg, die wir viel sinnvoller für die Kinder einsetzen können!« – »Das schaffen wir nie!« – »Wo sollen wir bloß die Zeit hernehmen?«
Diese und ähnliche Argumente haben bis heute in mancher Kindertageseinrichtung die Entwicklung einer Konzeption verhindert. So schätzen Fachberater/-innen, dass etwa ein Drittel aller Kindertageseinrichtungen noch keine eigene, klar formulierte Konzeption hat. Bleibt die Frage: Ist eine Konzeption Luxus oder ist sie vielleicht doch eine Notwendigkeit?

Mangel an Zielbestimmtheit
Zielformulierungen in Konzeptionen sind oft unbestimmt und unverbindlich gehalten. Der eigentliche Kernprozess der pädagogischen Arbeit – die Sicherung der Entwicklung des einzelnen Kindes – wird nicht definiert. Mit allgemeinen Formulierungen wie »Wir bemühen uns …«, »Wir wollen …«

Die Konzeption reicht nicht mehr aus

oder noch ungenauer »Die Kinder sollen ...« beginnen viele Sätze zur Zielbeschreibung. Doch sind Zitate berühmter Pädagog/-innen noch keine Zielbestimmung. Wenn Maria Montessori zitiert wird mit den Worten »Das Kind steht in der Mitte ...«, ist die Frage, wie das Team dazu steht, damit noch längst nicht beantwortet. Fehlt jedoch diese Aussage, erhält die Konzeption den Charakter einer allgemeinen Fachbroschüre mit Zielformulierungen, wie sie überall stehen können, hat aber keinen wirklichen Bezug zur Einrichtung.

Der fehlende Zusammenhang zwischen Zielen und Handlungsweisen

Hat im Konzeptionsbildungsprozess nach der Zielbestimmung keine Auseinandersetzung mit dem Handeln im Alltag stattgefunden, folgen Beschreibungen des Tagesablaufes, wie er ist (und immer war). Meist fehlt

Die Konzeption reicht nicht mehr aus

dabei die logische Beziehung zwischen Ziel und Handlung. Warum die Kindertageseinrichtung ihren Alltag so und nicht anders gestaltet, wird nicht begründet. Entsprechend allgemein sind dann die einzelnen Tätigkeitsbeschreibungen. Nicht weiter verwunderlich ist, wenn in der Folge jede Mitarbeiterin weiterhin ihr persönliches Handlungskonzept verfolgt und die Arbeit in den einzelnen Gruppen völlig unterschiedlich ist. Was fehlt, ist die konkrete Beschreibung dessen, was garantiert geleistet wird – und zwar in allen Gruppen gleichermaßen verbindlich und zuverlässig. Unter dem Deckmantel situationsorientierter Handlungsfreiheit werden in den einzelnen Gruppen zum Teil völlig unterschiedliche Handlungsansätze praktiziert. Besonders deutlich werden diese Unterschiede in Vertretungssituationen. Mitarbeiterinnen, die im Dienstplan zur Mitarbeit in zwei Gruppen eingeteilt sind, klagen häufig darüber, dass sie sich jedes Mal komplett umstellen müssen, wenn sie die Gruppen wechseln. Gruppenübergreifende Angebote scheitern hier zwangsläufig oder erfordern ständig einen hohen Aufwand an gegenseitiger Abstimmung.

Eine Ergebnisprüfung findet nicht statt

Was fast allen Konzeptionen fehlt, ist die Beschreibung, ob und wie das Ergebnis der pädagogischen Arbeit festgestellt und überprüft wird. Es wird weder benannt, welche Ergebnisse überprüft werden sollen, noch welche Evaluationsinstrumente dazu verwendet werden. Allenfalls unter dem Stichwort »Reflexion« lassen sich Vermutungen anstellen, dass die Kindertageseinrichtung dieser wichtigen Aufgabe in der einen oder anderen Weise tatsächlich nachkommt. Einen Vorwurf kann man den Kindertageseinrichtungen dafür nicht machen, wird doch in keiner der Mustergliederungen darauf hingewiesen.

Das Fehlen einer Dokumentation verhindert die Überprüfbarkeit der Ergebnisse

Damit erzielte Ergebnisse überhaupt überprüft werden können, bedarf es vorab einer sorgfältigen Dokumentation der Arbeit. Doch zur Frage, wie diese Aufgabe erfüllt wird, fehlt in den meisten Konzeptionen jeglicher Hinweis. Manchmal wird von Regelungen gesprochen und wie diese entstehen, aber unklar bleibt, wo sie nachzulesen sind, wann sie entstanden sind, wann sie zum letzten Mal auf ihre Tauglichkeit hin überprüft wurden und ob sie noch Gültigkeit haben. Wöchentlich finden Teamsitzungen statt, in denen immer wieder Dinge von Grund auf neu besprochen werden müssen, weil niemand mehr zuverlässig sagen kann, was tatsächlich schon beschlossen wurde.

Die Konzeption reicht nicht mehr aus

Mangelnde Strukturen verhindern die Durchsetzbarkeit von konzeptionellen Vereinbarungen

Wer kümmert sich darum, dass die konzeptionell verankerten Grundsätze und Ziele auch tatsächlich umgesetzt werden? Überwacht der Träger deren Einhaltung? Wurde diese Aufgabe der Leiterin übertragen? Hat sie dann auch die Befugnis, in Fällen der Unstimmigkeit im Team für alle verbindliche Entscheidungen herbeizuführen? Was, wenn eine Mitarbeiterin ihre ganz persönlich geprägte Überzeugung über alles andere stellt? Zum Beispiel steht in der Konzeption, dass in regelmäßigen Gesprächen die Entwicklung des Kindes mit den Eltern gemeinsam erörtert wird. Für die eine Kollegin bedeutet dies nun, mit den Eltern regelmäßige Gesprächstermine zu vereinbaren, während die andere Kollegin diesen Auftrag im Rah-

Die Konzeption reicht nicht mehr aus

men eines mehr oder weniger ausführlichen Tür-und-Angel-Gesprächs erfüllt sieht. Wer handelt hier richtig? Darf die Leiterin überhaupt vorschreiben, wie diese Aufgabe zu erfüllen ist? Hat sie dafür die Kompetenz des Trägers? In der Konzeption festgelegte Grundsätze haben nur dann eine Chance, wenn klar geregelte, für alle transparente Strukturen den für die Verwirklichung notwendigen Rückhalt bieten.

Die Halbwertzeit ist hoch

Auf Teamfotografien findet sich nach wenigen Jahren keine einzige bekannte Person wieder. Genauso schnell sind auch Konzeptionen, die nicht ständig überprüft und weiterentwickelt werden, überholt – ganz zu schweigen von den Inhalten. Der Waldtag ist abgeschafft, seit die damalige Praktikantin nicht mehr in der Kindertageseinrichtung ist. Vielleicht wurde der Waldtag überhaupt nur eingeführt, weil die Praktikantin hierüber ihre Facharbeit schreiben wollte. Über Montessori wird auch nicht mehr geredet, nachdem die Kollegin, die seinerzeit bei der Konzeptionserstellung hier ihren Schwerpunkt manifestiert hatte, in Mutterschutz ging. Die ausführliche Situationsbeschreibung des Einzugsgebietes stimmt schon lange nicht mehr. Die meisten Mütter sind inzwischen berufstätig. Das Bild von der typischen »Mittelschichtfamilie« hat sich unter Umständen völlig gewandelt. Was geblieben ist, ist die Konzeption. Wird dennoch nach wie vor an ihr festgehalten, verhindert sie genau jenen Weiterentwicklungsprozess, den sie ursprünglich verfolgt hatte. Was vielen Konzeptionen heute fehlt, ist die systematische Überprüfung und Weiterentwicklung im Sinne eines kontinuierlichen Verbesserungsprozesses.

3. Der Weiterentwicklungsbedarf von Konzeptionen: Wo muss man ansetzen?

Fasst man vor dem Hintergrund der dargestellten blinden Flecke von Konzeptionen die entscheidenden Anforderungen an ein zukunftsfähiges Modell zur Entwicklung von Kindertageseinrichtungen zusammen, so lassen sich folgende grundlegende Anforderungen an die Weiterentwicklung von Konzeptionen stellen:

(1) Konzeptionen müssen systematisiert werden

Konzeptionen beschreiben und klären in der Regel viele Fragen und Aspekte, die die Arbeit in einer Einrichtung betreffen. Sie sprechen vieles an, häufig aber auf eine sehr allgemeine Art und Weise. Die einzelnen Punkte sind manchmal eher zufällig aufgenommen. Alles in allem: Konzeptionen sind meist nicht systematisch strukturiert.

Die Konzeption reicht nicht mehr aus

> **? Was ist ein System?**
> Ein System ist eine identifizierbare Einheit oder Gestalt. Das System wird aus einzelnen Teilen gebildet, die alle untereinander abhängig sind und in Wechselwirkung miteinander stehen. Die einzelnen Teile können selbst auch Subsysteme sein. (Birner/Fexer 1999, S. 45)

Betrachtet man dagegen eine Kindertageseinrichtung als System, so erkennt man sehr leicht die verschiedenen Aspekte, die miteinander in Beziehung stehen. Einfache Wechselwirkungen ergeben sich zum Beispiel dann, wenn man die angestrebten Ziele auf zu erreichende Ergebniszustände bezieht und dabei die hierfür erforderlichen pädagogischen Leistungen benennt.

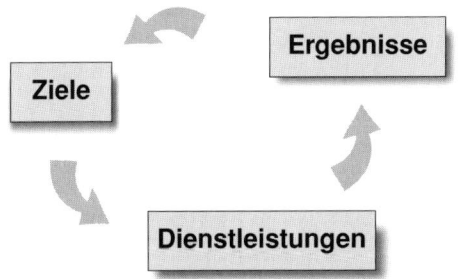

Für diese Wechselwirkung gilt: Sind die Ziele angemessen formuliert und werden die pädagogischen Leistungen (zum Beispiel Kinderbeobachtung, Freispiel, Aktivitäten etc.) entsprechend erbracht, lassen sich die erwünschten Ergebnisse (altersgerechte Entwicklung der Kinder, kindgemäße Förderung, Sicherung der Schulreife) sicher gut erreichen. Werden jedoch die Ziele zu hoch gesetzt oder entsprechen die Leistungen nicht den Anforderungen, können die gewünschten Ergebnisse nicht erreicht werden. Wichtig ist hier, dass eine Einrichtung solche systematischen Zusammenhänge aufzeigen muss. Sie muss insbesondere Wert darauf legen, nicht nur die Entscheidungen offen zu legen, die zu einer bestimmten Konstruktionsform geführt haben, sondern darüber hinaus der Betrachter/-in die Logik der Einrichtung plausibel zu machen.

(2) Konzeptionen müssen Qualität versprechen und garantieren

Konzeptionen beschreiben zwar, welche Ziele sich eine Einrichtung setzt und wie dort gearbeitet wird, sie geben aber gegenüber den Eltern und Kindern keine Garantieerklärung ab. Anders gesagt: Qualität wird suggeriert und kann als wahrscheinlich angenommen werden, wird aber nicht eindeutig versprochen. Genau das aber erwarten heute nicht nur die Kinder und ihre Eltern, sondern auch die kommunalen Zuschussgeber. Die gesellschaftliche Entwicklung hat inzwischen zu einer Dienstleistungserwartung geführt, die nur noch von den Einrichtungen erfüllt werden kann, die den Quali-

Die Konzeption reicht nicht mehr aus

tätsbegriff in den Mittelpunkt aller Bemühungen stellen. Für die Zukunft heißt das: Qualität muss garantiert werden und dazu gilt es ein Verfahren zu entwickeln, das erlaubt, eine solche Garantieerklärung abzugeben. Später wird diese Erklärung in Kapitel 2 unter dem Begriff der »Qualitätspolitik« formuliert werden.

(3) Konzeptionen müssen die organisationalen Voraussetzungen offen legen
Konzeptionen beschreiben häufig, was sich ein Team vorgenommen hat und was dazu pädagogisch unternommen wird, nicht aber, vor dem Hintergrund welcher organisationalen Voraussetzungen dies geschehen soll. Hier tauchen Fragen nach den Zusammenarbeitsformen im Team auf, nach Entscheidungsbefugnissen und Verantwortungsbereichen, nach dem Umgang mit Geld und nach der Sicherung der Qualität des Personals etc. Erst dann, wenn Eltern und andere Interessenten auch zu diesen Aspekten Informationen erhalten, können diese ein umfassendes Vertrauen zu einer Einrichtung entwickeln.

(4) Konzeptionen müssen ein umfassendes Qualitätsmanagement ermöglichen
Verfahren, die dabei helfen, wirklich alle Aspekte einer Organisation in den Blick zu nehmen, bezeichnet man heute üblicherweise als Qualitätsmanagementsysteme.

? Was ist Qualitätsmanagement?
Der Begriff Qualitätsmanagementsystem bezeichnet die Gliederung, Ordnung und das Zusammenspiel aller Maßnahmen, Verfahren, Abläufe sowie die Vernetzung der Personen im Qualitätsmanagement. (Birner/Fexer 1999, S. 45)

Das Qualitätsmanagementsystem einer Kindertageseinrichtung hat demnach die Aufgabe sicher zu stellen, dass Kindern, Eltern und Zuschussgebern die hohe Qualität der Dienstleistung »erziehen, bilden, betreuen« nicht nur versprochen, sondern auch tatsächlich garantiert wird. Dazu müssen alle Dimensionen von Qualität gleichwertig berücksichtigt werden und die Orientierung an einer hohen Qualität in allen Phasen der Leistungserbringung sicher gestellt sein. Ein Qualitätsmanagementsystem muss deshalb auch all die Prozesse erfassen, die zur Erbringung der unterschiedlichen Leistungen erforderlich sind, mit anderen Worten, es muss ganzheitlich und umfassend sein.

4. Das Qualitätshandbuch

Aufgabe des Qualitätshandbuchs

Ein auf alle Aspekte einer Einrichtung ausgerichtetes, Qualität garantierendes Ma-

Die Konzeption reicht nicht mehr aus

nagementsystem wird heute oft auch als *Total Quality Management System* bezeichnet. Der Ort an dem alle Ergebnisse, die beim Aufbau des Qualitätsmanagementsystems formuliert werden, zusammengefasst werden, ist das *Qualitätsmanagementhandbuch*, das der Einfachheit halber meist als *Qualitätshandbuch* bezeichnet wird.

? Was leistet das Qualitätshandbuch?

Das Qualitätshandbuch bzw. Qualitätsmanagementhandbuch ist ein Vorgabedokument, das eine zusammenfassende Beschreibung des gesamten einrichtungseigenen Qualitätsmanagementsystems enthält.

Der Vorteil eines solchen Handbuches besteht darin, dass das gesamte System sehr leicht überblickt werden kann und demzufolge Lücken im System schnell erkannt werden.

Teilsysteme des Qualitätshandbuchs

Ein Qualitätshandbuch sollte, wenn es dem Anspruch gerecht werden will, soziale, pädagogische und strukturelle Dimensionen der Qualitätsbestimmung und -sicherung zu beschreiben (Erath/Amberger 2000, S. 40), folgende Teilsysteme umfassen:

Die Konzeption reicht nicht mehr aus

1. Das Teilsystem der **Organisationsphilosophie**, das aus den Aspekten Trägerleitbild, Selbstverständnis und Qualitätspolitik besteht und das darüber Auskunft gibt, was die Organisation ausmacht, welche übergreifenden Ziele verfolgt und welche grundlegenden Strategien angewendet werden.

2. Das Teilsystem der **Einrichtungskonzeption**, das darüber Auskunft gibt, für welche Zielgruppen die Organisation ein Dienstleistungsangebot macht, welche Ziele mit welchen Leistungen erreicht und welche Ergebnisse erwartet werden können.

3. Das Teilsystem der **Kernprozesssicherung**, das aufzeigt, in welcher Weise Kern- und darauf bezogene Schlüsselprozesse dafür sorgen, dass die Einrichtung ihren Grundauftrag der Erziehung, Bildung und Betreuung von Kindern auch tatsächlich gewährleisten kann.

4. Das Teilsystem der **Dokumentation**, im Rahmen dessen genau geklärt wird, was im Einzelnen wie zu dokumentieren ist und wer jeweils dafür zuständig ist.

5. Das Teilsystem der an fachwissenschaftlichen Vorgaben orientierten einrichtungseigenen **Qualitätsstandards**, die dazu dienen, die einzelnen Teilleistungen einer Einrichtung bezüglich ihrer Prozessqualität eingehend zu beschreiben und Fehlerfreiheit und einen hohen Grad von Qualität der Prozesse zu sichern.

6. Das Teilsystem der **Evaluation**, das die Art und Weise festlegt, nach der bestimmte Arbeitsprozesse regelmäßig bewertet und – falls notwendig – verbessert werden, und das durch Feedbackverfahren und Audits dafür sorgt, dass sich eine Einrichtung permanent an die Veränderungen ihrer Umwelt anpasst.

7. Das Teilsystem der **Stützprozesse** mit den Bereichen Personalentwicklungskonzept, Organisationsstruktur und Ressourcenmanagement, das dafür sorgt, dass alle Voraussetzungen dafür vorhanden sind, dass Arbeitsabläufe reibungslos vonstatten gehen können und dass die vorhandenen Ressourcen optimal eingesetzt werden.

Alle sieben Teilsysteme zusammen ergeben ein Qualitätsmanagementsystem, das Träger, Leiterin und Team in die Lage versetzt, eine hohe Gesamtqualität zu erbringen und ein großes Maß an Zufriedenheit aller Interessenpartner zu gewährleisten.

Die Konzeption reicht nicht mehr aus

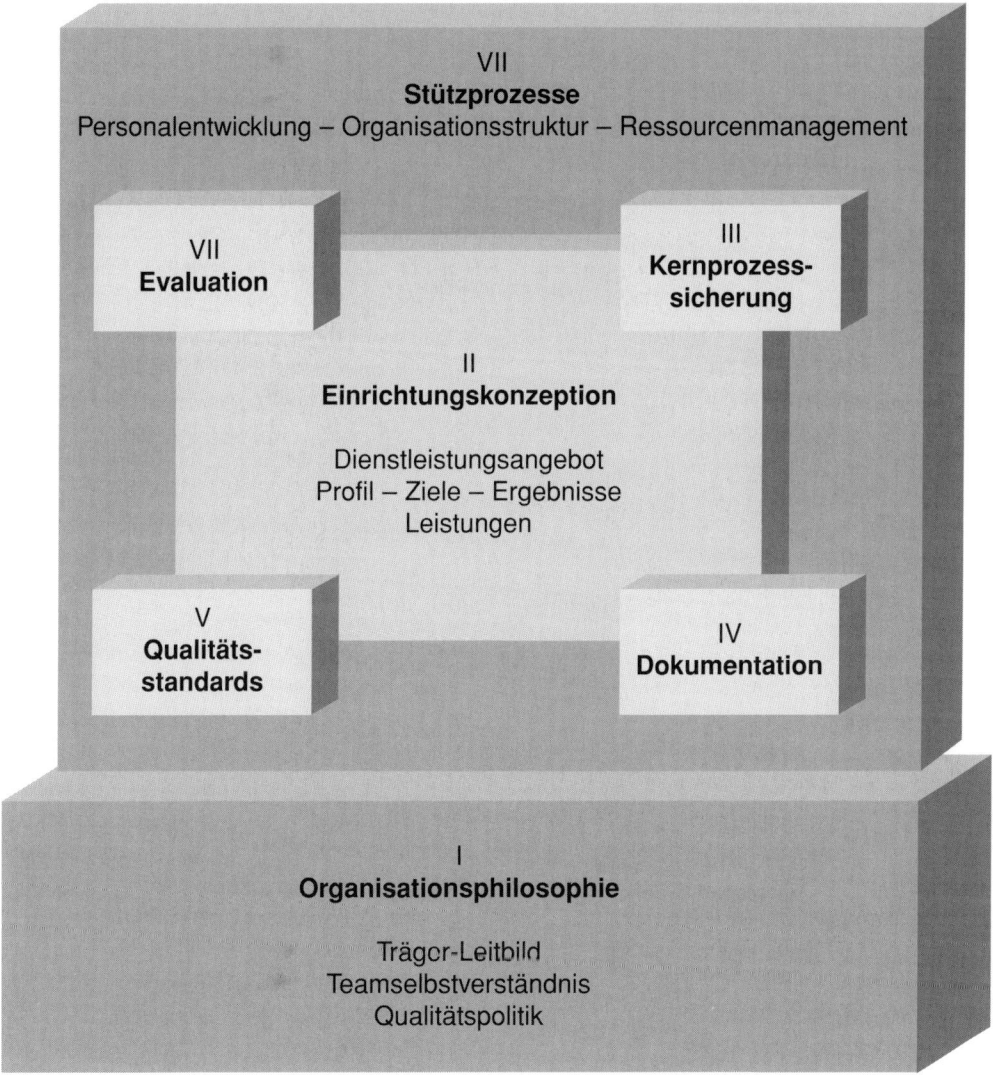

Die Konzeption reicht nicht mehr aus

Aufbau des Qualitätshandbuchs

Zu jedem der Teilsysteme bzw. -aspekte gilt es, klare Aussagen zu treffen und diese schriftlich darzulegen. Um dabei Übersichtlichkeit und Klarheit zu behalten, empfiehlt sich eine Dreiteilung des Qualitätshandbuchs mit folgendem Aufbau:

Ein erster und allgemeiner Teil enthält die grundlegenden Aussagen über alle Teilaspekte des Systems. Dieser Teil hat den Charakter eines Angebots und eines Versprechens: Seht, wer wir sind, was wir bieten und wie wir es umsetzen werden!

Ein zweiter und spezieller Teil umfasst vier Unterkapitel, in denen die geltenden pädagogischen Qualitätsstandards, die strukturellen Standards und Vorgaben, das Evaluationssystem und das Dokumentationssystem geordnet dargestellt werden. Sie sichern das im allgemeinen Teil abgegebene Qualitätsversprechen durch klare Vorgaben und Regelungen. Alle relevanten Prozesse werden hier benannt und so ausführlich beschrieben, dass die Mitarbeiterinnen sowohl fehlerfrei als auch auf hohem qualitativem Niveau arbeiten können.

Ein dritter Teil enthält die Anlagen, in denen alle weiteren wichtigen Dokumente (zum Beispiel Ergebnisse der Situationsanalysen) oder Vorgaben (Sicherheitsbestimmungen, Wartungsverträge etc.), die in der Einrich-

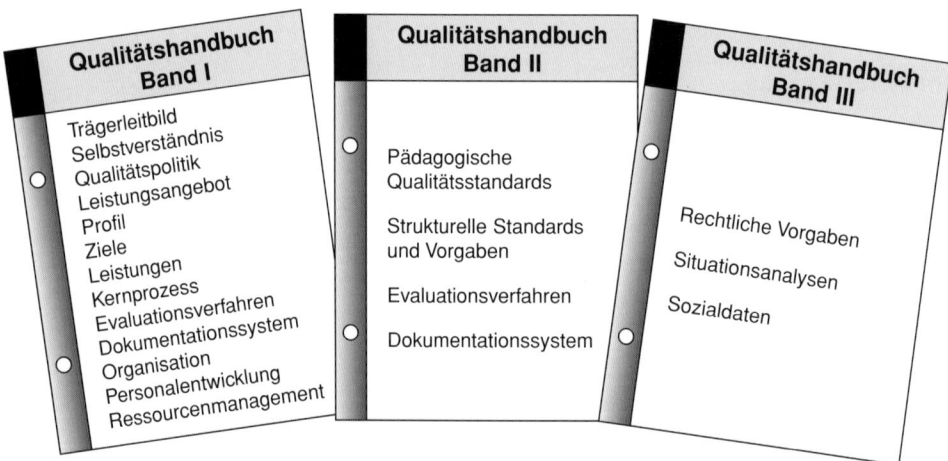

Die Konzeption reicht nicht mehr aus

tung verwendet werden, gesammelt aufbewahrt sind. Hier geht es vor allem darum, alle relevanten Vorgaben von außen darzustellen und sie allen Mitarbeiterinnen bekannt zu machen.

Beim Aufbau eines Qualitätshandbuches muss man sich darüber im Klaren sein, dass es erst dann vollständig ist, wenn zu allen Teilaspekten des Systems eindeutige Aussagen gemacht werden und diese aufeinander abgestimmt sind. Ist das der Fall, so kann das System »geschlossen« werden. Es ist jetzt nicht nur in der Lage, die versprochenen Ziele und Leistungen wirklich umzusetzen und eine hohe Qualität beim Erbringen der Leistungen zu sichern, es erlaubt darüber hinaus auch, die laufende Praxis permanent zu beobachten und zu verbessern. Die lernende Organisation wird möglich.

Kapitel 2
Von der Konzeption zum Qualitätshandbuch

Im Folgenden wird Schritt für Schritt dargelegt, wie aus vorhandenen Elementen einer Einrichtungskonzeption die einzelnen Teilaspekte des Qualitätshandbuches entwickelt werden können. Dabei werden zunächst die grundlegenden Begriffe geklärt und der Zusammenhang zwischen möglicherweise bereits vorhandenen konzeptionellen Aussagen und den daraus zu entwickelnden Teilaspekten des Qualitätshandbuches erläutert. Abschließend wird das Ganze an einem Beispiel konkretisiert.

1. Aus dem Trägergrußwort wird ein Trägerleitbild

Ein Trägerleitbild – was ist das?
Viele Kindertageseinrichtungen existieren schon seit Jahrzehnten und leisteten über die Jahre hinweg für die Gesellschaft so gute Dienste, so dass es nicht verwundert, dass die Frage nach der hinter einer Einrichtung stehenden Organisation kaum gestellt wurde. Erst die Diskussion der letzten Jahre um die Qualitätsentwicklung in Kindertageseinrichtungen allgemein und um die Mängel und Probleme im Besonderen haben die Frage nach dem jeweiligen Träger einer Einrichtung und nach dessen Selbstverständnis aufgeworfen:

- Wer ist eigentlich der Träger der betreffenden Einrichtung, mit welcher Kompetenz und Mission führt er sie und wofür trägt er Verantwortung?
- Welche übergreifenden Ideale oder Werte halten eine Einrichtung zusammen?
- Welche Werthaltung berechtigt den Träger, eine soziale Einrichtung zu führen?

Der Ort, solche grundlegenden Aussagen zu treffen, wird heute als Trägerleitbild bezeichnet. Hier kann die Position des Trägers und der Gesamteinrichtung auf den Punkt gebracht und schriftlich fixiert werden. Das Trägerleitbild ist langfristig angelegt und dient als Orientierungsrahmen nicht nur für die aktuelle Ausrichtung, sondern auch für die zukünftige Entwicklung der Einrichtung.

Von der Konzeption zum Qualitätshandbuch

> **? Was leistet ein Leitbild?**
>
> In einem Leitbild werden die gelebten und angestrebten Grundlagen eines Unternehmens zum Ausdruck gebracht, die Werte, Prinzipien und Überzeugungen. Ein Leitbild beschreibt auch die Identität einer Institution. Es gibt Sinn, Orientierung und fördert den Zusammenhalt. Ein Leitbild ist eine Sammlung von Beschlüssen und Entscheidungen über Werthaltungen, Ziele, Handlungsgrundsätze, Verhaltensrichtlinien, Zugehörigkeitsmerkmale. (Birner/Fexer 1999, S. 90)

Das Leitbild übernimmt im besten Falle drei Funktionen:

Das Leitbild als gemeinsame Plattform

Das Leitbild kann, wenn es unter Einbeziehung aller Verantwortlichen (Träger, Leiterin, Team) entwickelt wurde, zu einer gemeinsamen Basis für die gesamte Arbeit werden. Indem das Leitbild gemeinsame Grundüberzeugungen und wichtige Wertvorstellungen enthält, bindet es die Verantwortlichen zusammen. Konflikte entstehen erst gar nicht oder können, falls es doch zu Unstimmigkeiten kommt, schnell behoben werden.

Das Leitbild als Ansporn

Das Leitbild kann, wenn es die Visionen und Zukunftsvorstellungen der Verantwortlichen richtig auf den Punkt bringt, alle Verantwortlichen motivieren und anspornen. Klare Aussagen bezüglich des künftig erwünschten Qualitätsniveaus tragen zu einer Positionierung bei und bewirken, sobald sich erste Erfolge einstellen, ein gesundes Selbstbewusstsein.

Das Leitbild als Korrektiv

Das Leitbild kann immer dann als Korrektiv wirken, wenn grundsätzliche Fragen nicht gelöst werden können und wenn Konflikte drohen. Dann hilft das Leitbild als Orientierungsinstanz, wobei damit nicht ausgesagt werden soll, dass ein Leitbild nicht immer wieder neu definiert werden kann und muss.

Wie sehen Leitbilder bisher aus?

In den gängigen Konzeptionen finden sich leitbildähnliche Formulierungen insbesondere in Einführungs- bzw. Begleitschreiben des Trägers. Mit diesen Leitgedanken autorisiert der Träger zwar die Einrichtung, lässt aber meist offen, ob und welche Konsequenzen sich daraus für das Handeln ergeben (müssen).

Von der Konzeption zum Qualitätshandbuch

Beispiel aus einer Konzeption:

Bei uns kommen die Kleinen groß raus.

Wenn unser Kindergarten seine Arbeit unter obigen Leitsatz stellt, darf dies nicht verwunderlich sein. Denn unsere Kindergartengemeinschaft lebte schon immer einen solchen Grundsatz des Zusammenwirkens.

Kinder müssen sich wohl fühlen. Deshalb legt der Träger Wert darauf, dass alle Kinder angehört und gefördert werden und sich die Eltern an der Arbeit beteiligen können ...

Solche Grundgedanken enthalten teilweise Antworten des Trägers auf gesellschaftliche Fragestellungen. Meist werden aber die einzelnen Aussagen nicht systematisch gebündelt und konkretisiert. Häufig sind Leitsätze zudem eher ängstlich formuliert, so dass Eltern und andere Interessenpartner nur unklar und unzureichend Auskunft darüber erhalten, wer die betreffende Einrichtung ist und was sie im Besonderen ausmacht. Das Wissen darüber ist aber nicht nur für Eltern, sondern auch für das Team wichtig, um daraus die pädagogischen Ziele der Einrichtung abzuleiten. Oftmals haben solche Grundgedanken allerdings zu wenig Aussagekraft, um die Unverwechselbarkeit der einzelnen Einrichtung, deren eigene Vorstellungen und Ideale zum Ausdruck zu bringen.

So aber verzichtet eine Einrichtung darauf, ihre Besonderheit eindeutig zu benennen.

Wie kann ein Leitbild entwickelt werden?
Ein Leitbild kann sowohl vom Träger bestimmt als auch gemeinsam mit den Mitarbeiterinnen diskutiert und formuliert werden. Wichtig für den Prozess der Leitbildentwicklung sind eine partnerschaftliche Atmosphäre und der Wille nach Klarheit. Im Rahmen einer Wertediskussion können folgende Fragen gestellt und beantwortet werden:

- Wie sieht sich der Träger selbst? Wodurch unterscheidet er sich von anderen Trägern?
- Welchen übergreifenden Zweck verfolgt die Einrichtung?
- Welche übergreifenden Ziele werden angestrebt und welches Anspruchsniveau soll erreicht werden?
- Welche Besonderheiten gibt es im Hinblick auf die Personalführung, auf die Gestaltung der Organisationsstrukturen, die Art der Finanzverwaltung etc.
- Woran misst der Träger die Qualität seiner Einrichtung?

Eine engagierte Diskussion um das Leitbild ist wichtig, sie kann vage persönliche Vorstellungen zu einer konkreten Position weiterentwickeln, die eigene Einstellung konkretisieren und bewusst machen und dadurch zielgerichtetes Arbeiten erleichtern.

Trägerleitbild

Zweck unseres Unternehmens ist, pädagogische Arbeit zu realisieren, deren Ziel selbstbestimmte, sensible und handlungsfähige Individuen sind, die sich als Teil der Gesellschaft begreifen. Dabei steht die Erprobung ihrer Ausdrucksfähigkeit auf gestalterischem Gebiet im Mittelpunkt, die durch ihre Ganzheitlichkeit geeignet ist, Problemlösungsprozesse in allen Lebensbereichen anzuregen. Unsere Leistung besteht in der Umsetzung des pädagogischen Anspruchs.

Wir richten uns an alle Menschen, die Interesse an der Erprobung der Ausdrucksfähigkeit als Trainingsfeld für die Entwicklung sozialer und emotionaler Intelligenz haben.

KLAX beschäftigt aufgeschlossene, kompetente, engagierte Mitarbeiter/-innen, die sich mit dem Zweck des Unternehmens identifizieren ...

Die Führungskräfte unseres Unternehmens arbeiten gemeinsam mit den Mitarbeitern an der Umsetzung des KLAX-Konzeptes. Sie fordern und fördern ihre Mitarbeiter.

KLAX-Arbeitsplätze sichern sich allein durch die hohe Qualität der Arbeit und die daraus folgende Akzeptanz des KLAX-Angebotes durch eine große Kundenzahl.

Für KLAX ist eine hohe Effektivität der Arbeit unerlässlich. Unsere Arbeit ist nur im gesellschaftlichen Zusammenhang zu betrachten. Aus diesem Grund ist die Zusammenarbeit mit staatlichen und freien Institutionen von besonderer Bedeutung.

(aus: Bostelmann/Metze 2000, Der sichere Weg zur Qualität, S. 28)

Ist ein Leitbild formuliert, so bildet es den ersten Punkt im allgemeinen Teil des Qualitätshandbuchs und wird dort eingefügt.

Lesetipp:
Bongard, B./Schwarzkopf, F. (2000): Viele Ideen – ein Profil. Methoden der Leitbildentwicklung und Zielbestimmung für engagierte Teams. Don Bosco Verlag. München.

2 Aus der freundlichen Selbstdarstellung wird ein klar formuliertes Team-Selbstverständnis

Aussagen zum Team – warum sind sie unverzichtbar?

Die konkrete Ausgestaltung des Dienstleistungsangebots einer Kindertageseinrichtung hängt nicht zuletzt von denen ab, die es

Von der Konzeption zum Qualitätshandbuch

tagtäglich umsetzen müssen: den Mitarbeiterinnen sowie der Leiterin. Wo diese nur widerwillig bereit sind, für umfassende Öffnungszeiten zur Verfügung zu stehen, für behinderte Kinder oder für unter Dreijährige zu sorgen, sich für Unkonventionelles einzusetzen, wird ein solches Angebot immer zurückhaltend bleiben. Das könnte aber – bei großer Konkurrenz – für die Einrichtung auf Dauer von entscheidendem Nachteil sein. Deshalb ist es unverzichtbar, dass Mitarbeiterinnen einen hohen Anspruch an sich selbst und an die gemeinsame Teamarbeit stellen. Um dies zu erreichen, sollte sich ein Team darüber verständigen, was den einzelnen Mitarbeiterinnen wichtig ist und was als gemeinsame Basis der gesamten Arbeit gelten kann.

> **? Team-Selbstverständnis als Arbeitsgrundlage**
>
> Im »Selbstverständnis« eines Teams werden die wichtigen gemeinsamen Werte und Überzeugungen in der Arbeit mit Kindern und Eltern zum Ausdruck gebracht. Außerdem werden wichtige allgemeine Anforderungen an jede einzelne Mitarbeiterin und an die gemeinsame Arbeit im Team formuliert.

Was liegt bislang vor?

In vielen Teams herrschen konkrete Vorstellungen über Erwartungen an die einzelnen Mitarbeiterinnen und an die gemeinsame Teamarbeit vor, meist sind diese aber nicht klar formuliert. In Konzeptionen wird das Selbstverständnis meist in einem Kapitel »Teamarbeit« beschrieben.

> *Beispiel aus einer Konzeptionsschrift:*
>
> *... um die Kinder möglichst optimal zu begleiten und zu fördern, arbeiten alle Mitarbeiterinnen unseres Kindergartens zusammen. Damit diese Zusammenarbeit effektiv ist, finden regelmäßige Teamsitzungen statt zur Planung und Reflexion unserer pädagogischen Arbeit. Fortbildung ist uns sehr wichtig.*

Sind solche Aussagen nicht klar und verbindlich formuliert, kann es sehr leicht zu Spannungen zum Beispiel zwischen »neuen« und »alten« Mitarbeiterinnen kommen, da diese das gemeinsame Selbstverständnis zu kennen glauben, jene aber nicht!

Wie entwickelt man Aussagen zum Teamselbstverständnis?

Das Team sollte sich für die Entwicklung eines solchen Textes ruhig Zeit nehmen, denn die Debatte muss in einem Klima von Entspanntheit und Freude erfolgen. Es kommt

Von der Konzeption zum Qualitätshandbuch

bei dieser Arbeit darauf an, möglichst genau die Begriffe zu finden, die anschließend als Arbeitsgrundlage für das gesamte Team gelten sollen. Folgende Diskussionsfragen könnten am Beginn einer Selbstverständnisdebatte stehen:
- Wodurch zeichnet sich die einzelne Mitarbeiterin aus? Was erwarten wir von uns selbst?
- Was kennzeichnet die gemeinsame Teamarbeit? Wie sehen wir uns als Team?
- Was kennzeichnet den allgemeinen Umgang mit Kindern und Eltern? Welche grundlegenden pädagogischen Vorstellungen kennzeichnen unser Handeln?

Sind die entsprechenden Antworten in Form von Begriffen gefunden, so gilt es, einen Text zu entwickeln, der genau das zum Ausdruck bringt, was von den Teammitgliedern gemeinsam für wichtig und attraktiv gehalten wird. Dabei muss jedem bewusst sein, dass die im Text formulierten Selbstbeschreibungen – zum Beispiel »engagiertes Team«, »freundliche, kompetente Mitarbeiterinnen« – im Rahmen des Qualitätshandbuchs als Versprechen gelten, also auch eingehalten werden müssen. Insofern macht es keinen Sinn, sich überzogen darzustellen. Denn Versprechungen, die nicht eingehalten werden, führen sehr schnell zu Enttäuschungen und zu Beschwerden seitens der Eltern.

⌂ Teamselbstverständnis

Wir sind ein flexibles und offenes Team, in dem sich die Mitarbeiterinnen sowohl ergänzen als auch ihre jeweilige Individualität in die Arbeit einbringen. Dadurch entsteht eine interessante Mischung, die durch den gemeinsam erarbeiteten „roten Faden" ein hohes Maß an Qualität sichert. Offenheit, Ehrlichkeit und gegenseitiges Vertrauen im Rahmen der Teamarbeit sind für uns unerlässlich.

Das gemeinsame Interesse an der Erfüllung der gesteckten Ziele lässt für die Kinder die so unverzichtbare Kontinuität und Verlässlichkeit entstehen. Dies erfordert eine ständige Weiterqualifizierung in Form von Fort- und Weiterbildung.

Reflexion ist ein wichtiger Bestandteil unserer Arbeit. Sie ist erforderlich, um Erfahrungen und Erkenntnisse zu verarbeiten und auszutauschen. Unsere Grundhaltung gegenüber den Kindern ist geprägt von Akzeptanz, Toleranz und Wertschätzung. Den Eltern begegnen wir freundlich und kooperativ. Gemeinsam mit ihnen sorgen wir für das Wohl der Kinder.

 Lesetipp:
Colberg-Schrader, H./Krug, M. (1999): Arbeitsfeld Kindergarten. Juventa-Verlag, Weinheim und München.

Von der Konzeption zum Qualitätshandbuch

3. Aus der Formulierung guter Absichten wird die Qualitätspolitik

Qualitätspolitik als Versprechen
Trägerleitbild und Selbstverständnis sind wichtige Elemente der Selbstbeschreibung einer Kindertageseinrichtung. Auf diesem Wege erfahren wir etwas über die Einrichtung, ihre Vertreterinnen und ihre Sicht der Dinge. Was jetzt dem skeptischen Betrachter noch fehlt, ist eine ausdrücklich formulierte Zusage, dass die Organisation auch tatsächlich alles unternimmt, um die Kindertageseinrichtung optimal zu führen und alle zugesagten Leistungen einzuhalten. Ein solches Versprechen wird im Rahmen der »Qualitätspolitik« formuliert.

> *Beispiel: Aussagen zur Qualitätspolitik aus Konzeptionen*
>
> *Folgende Grundsätze prägen unsere Einrichtung:*
> 1. *Offenheit für die Bedürfnisse von Kindern und Familien*
> 2. *Erziehung verstanden als Beziehungsgestaltung und partnerschaftliche Begleitung*
> 3. *Ständige Fortbildung und intensive Teamarbeit*
> 4. *Eintreten für die Rechte der Kinder.*

> **? Klares Bekenntnis zur Qualität**
> Eine Qualitätspolitik darf keine seitenlange Abhandlung werden. Sie soll kurz und knapp die Einstellung eines Unternehmens zur Qualität widerspiegeln und den eigenen Mitarbeiterinnen stets gegenwärtig sein. (Glaap 1996, S. 51 f.)

Moderne Qualitätsmanagementsysteme legen aber besonderen Wert darauf, dass solche Versprechen klar formuliert werden. Denn erst wenn dies geschehen ist, dann ist die Einrichtung auch tatsächlich verpflichtet, das Entsprechende zu tun.

Wie wurde bislang formuliert?
Aussagen zur Qualitätspolitik kommen in klassischen Konzeptionen höchstens indirekt vor, man muss sie aus dem Zusammenhang erschließen.

Wie geht man vor?
Ein Text sollte Aussagen darüber machen, dass
1. die Qualitätspolitik an fachlich-pädagogischen Standards und an den Anforderungen von Kindern, Eltern, Träger und Mitarbeiterinnen ausgerichtet wird,
2. das Qualitätsmanagementsystem vorhanden ist und ständig überprüft und verbessert wird,

Von der Konzeption zum Qualitätshandbuch

3. der Träger allgemeine Ziele der Einrichtung festlegt und die entsprechenden Mittel und geschultes Personal zur Verfügung stellt,
4. alle Mitarbeiterinnen die Verantwortung für die Umsetzung der Ziele in ihrem Aufgabenbereich übernehmen und aktiv am ständigen Verbesserungsprozess beteiligt sind und
5. der Leiterin die Letztverantwortung für Umsetzung, Überprüfung und Weiterentwicklung des Qualitätsmanagementsystems übertragen wird.

Von der Konzeption zum Qualitätshandbuch

⌂ Unser Qualitätsversprechen

Um die optimale Gestaltung des Bildungs-, Erziehungs- und Betreuungsangebots zu gewährleisten, verpflichtet sich der Kindergarten zur ständigen Überprüfung und Weiterentwicklung seines Gesamtangebotes. Alle Mitarbeiterinnen sind aktiv am ständigen Verbesserungsprozess beteiligt und tragen die Verantwortung für die Umsetzung der Ziele in ihrem Aufgabenbereich.

Das Qualitätsmanagementsystem wird in regelmäßigen Abständen im Rahmen von Managementbewertungen überprüft und verbessert. Hierbei wird der Änderungsbedarf für das Qualitätsmanagementsystem der Organisation einschließlich der Qualitätsziele und der Qualitätspolitik ermittelt.

Der Leitung obliegt die Letztverantwortung für Umsetzung, Aufrechterhaltung, Überprüfung und Weiterentwicklung des Qualitätsmanagementsystems. Um einen ständigen Verbesserungsprozess zu gewährleisten, werden zwischen Träger und Leitung jährliche Qualitätsziele vereinbart. Diese Ziele sind messbar, stehen mit der Qualitätspolitik und den konzeptionellen Zielen in Einklang und berücksichtigen fachliche Anforderungen. Der Träger stellt die erforderlichen Mittel und geschultes Personal zur Sicherung der Zielerreichung zur Verfügung.

 Lesetipp:
Glaap, W. (1996): ISO 9000 leicht gemacht. Praktische Hinweise und Hilfen zur Entwicklung und Einführung von QM-Systemen. 2. überarbeitete Auflage. Carl Hanser Verlag. München, Wien.

4. Aus dem pädagogischen Angebot wird das Dienstleistungsangebot

Das Dienstleistungsangebot – ein Konstrukt

Jedes Dienstleistungsangebot, auch das einer Kindertageseinrichtung, kann zunächst rein formal auf eine ganz einfache Konstruktion oder Argumentation zurückgeführt werden. Immer geht es darum, für eine bestimmte Zielgruppe von Eltern und Kindern im Rahmen von gesetzlichen Vorgaben und gängigen fachwissenschaftlichen Standards ein optimales Erziehungs-, Bildungs- und Betreuungsangebot zu entwickeln.

Die Entwicklung einer Einrichtungskonzeption war bislang relativ einfach. Meist genügte es, wenn ein Träger die räumlichen Voraussetzungen für die Aufnahme von Kindergartenkindern anbot und genügend Personal einstellte. Alles Weitere ging dann fast wie von alleine! Die Frage nach alternativen Betreuungsangeboten zum Regelkindergar-

Von der Konzeption zum Qualitätshandbuch

ten musste in Zeiten des Mangels an Kindergartenplätzen gar nicht gestellt werden.
Heute ist der Prozess der Bestimmung des Dienstleistungsangebots natürlich sehr viel schwieriger geworden. Die Kinderzahlen gehen zurück, die Erwartungen und Interessen von Eltern und Kindern werden immer differenzierter. Diese beiden Aspekte miteinander zu vereinbaren, wird immer schwieriger. Dazu kommen steigende Anforderungen an das Personal zum Beispiel durch die Aufnahme von neuen Zielgruppen: Krippen- oder Hortkinder, Kinder mit Behinderungen etc.

> **? Dienstleistungsangebot als Antwort auf den Bedarf**
>
> Das Dienstleistungsangebot einer Einrichtung ist die Antwort auf die konkreten Erwartungen von Eltern und Kindern und auf den aktuellen regionalen oder überregionalen Bedarf. Es umfasst das gesamte räumliche, sächliche, pädagogische Angebot, das eine Einrichtung ihren möglichen Zielgruppen macht.

Betrachtet man die verschiedenen Teilaspekte in ihrer Wechselwirkung, so wird deutlich, dass eine Kindertageseinrichtung eine innere Logik, eine Stimmigkeit zwischen den Teilaspekten herstellen muss. Denn das Dienstleistungsangebot soll die Antwort auf die Erwartungen des Umfeldes sein. Je stimmiger der Zusammenhang zwischen Erwartungen und Angebot ist, umso besser wird die Position einer Einrichtung im Vergleich mit anderen Anbietern sein.

Die klassische Angebotsbeschreibung

In fast allen bestehenden Konzeptionsschriften wird das Dienstleistungsangebot detailreich beschrieben. Man konzentriert sich neben einigen Grundaussagen zur Ausstattung zumeist auf die Gestaltung des Tagesablaufs, auf einzelne pädagogische Angebote etc. Bei all dem kommt dann der Angebotsaspekt (»Was bietet die Einrichtung mir?«) zu kurz – obwohl gerade ihm heute eine entscheidende Bedeutung zukommt. Denn die Eltern sind natürlich zunächst am Gesamtangebot der Einrichtung interessiert. Details wie die konkrete pädagogische Arbeit etc. werden erst zu einem späteren Zeitpunkt der Entscheidung relevant.

Schritte auf dem Weg zur Bestimmung des Dienstleistungsangebots

Um ein optimales Dienstleistungsangebot zu entwickeln, sind in einem ersten Schritt drei Fragen zu beantworten:
1. Die Frage nach den Erwartungen und dem Bedarf der möglichen Interessenpartner Kinder, Eltern sowie nach dem Umfeld.

Von der Konzeption zum Qualitätshandbuch

2. Die Frage nach gesetzlichen Vorgaben und rechtlichen Bestimmungen.
3. Die Frage nach den einschlägigen fachlichen Anforderungen.

Das Dienstleistungsangebot wird vorgestellt

Da die mit dem Dienstleistungsangebot verbundenen rechtlichen, finanziellen, personellen, pädagogischen und weiteren Konsequenzen sehr einschneidend sind, muss die Entscheidung darüber möglichst einmütig vom Träger und der Leiterin der Einrichtung gefällt werden.

Ein Dienstleistungsangebot kann eher klassisch (zum Beispiel Regelkindergarten mit Regelöffnungszeiten), es kann aber auch sehr vielfältig und kreativ sein. In jedem Fall gilt es, das Dienstleistungsangebot klar zu umreißen und dann im allgemeinen Teil des Qualitätshandbuchs darzulegen. Vorgestellt werden können

- die Anzahl und die Art die Kinder, für die ein Angebot zur Verfügung gestellt wird,
- die Größe der Gruppen und die Zahl der Mitarbeiterinnen,
- das Raum- und Materialangebot,
- die Öffnungszeiten sowie
- Besonderheiten im Angebot wie zum Beispiel Mahlzeiten, Nachmittagskurse, Kinderturnen, Kindertheater, Waldtage, Angebote für angehende Schulkinder, besondere Veranstaltungen für Eltern etc.

> **Unser Bildungs-, Erziehungs- und Betreuungsangebot – flexible Öffnungszeiten das ganze Jahr über!**
>
> Unsere Einrichtung stellt 50 Kindern im Alter zwischen 1 und 6 Jahren einen Platz in der Zeit zwischen 06:00 und 18:00 Uhr zur Verfügung. Unsere Einrichtung ist – außer in den Weihnachtsferien – das ganze Jahr über geöffnet. Mit diesem Angebot wollen wir vor allem berufstätige Mütter und Väter ansprechen. Flexible Bring- und Abholzeiten sind für uns selbstverständlich.
>
> Unsere Räume bieten Platz für vielfältige und unterschiedliche Angebote und bieten zugleich Sicherheit und Geborgenheit ...
>
> Betreut werden die Kinder von insgesamt 7 Mitarbeiterinnen, die in Voll- oder Teilzeit arbeiten ...
>
> Für das leibliche Wohl sorgt unsere Köchin, die uns mit vollwertigen und kindgerechten Mahlzeiten verwöhnt ...

Der Text zum Dienstleistungsangebot wird im ersten Teil des Qualitätshandbuches niedergelegt, die ihm zugrunde liegenden Daten, rechtlichen Grundlagen, Situationsanalysen etc. werden im dritten Band festgehalten.

📖 Lesetipp:

Wunderlich, T. / Jansen, F. (1999): Katholische Kindergärten auf Entwicklungskurs, Verband Katholischer Tageseinrichtungen für Kinder (KTK) – Bundesverband e.V., Freiburg.

5. Aus der Darstellung der pädagogischen Arbeit wird ein Profil

Was ist ein Profil?

Betrachtet man Kindertageseinrichtungen aus der Sicht der Eltern, so stellt sich insbesondere in Regionen, wo mehrere Einrichtungen vorhanden sind, die Frage nach den Unterschieden zwischen ihnen. Woran können Eltern erkennen, welche Tageseinrichtung genau richtig für sie ist?

Der Blick auf das Dienstleistungsangebot genügt heute nicht mehr, denn womöglich bieten alle Einrichtungen umfassende Öffnungszeiten und vielfältige pädagogische Angebote. Um für Eltern interessant zu werden, gilt es, sich als Einrichtung von anderen zu unterscheiden, es muss ein einzigartiges inhaltliches und pädagogisches Profil entwickelt werden.

❓ Was leistet das pädagogische Profil?

Das inhaltliche und pädagogische Profil einer Einrichtung gibt Auskunft über die spezifische Ausrichtung des Dienstleistungsangebots sowie der pädagogischen Arbeit. Es vermittelt den Außenstehenden einen groben Einblick in die Prinzipien und Methoden der pädagogischen Arbeit.

Mögliche Profilbildungen können im pädagogischen Bereich liegen (zum Beispiel Orientierung am Situationsansatz, eine überdurchschnittliche Miteinbeziehung bzw. Beteiligung der Eltern etc.), sie können aber auch im Zielgruppenbereich (Aufnahme von Kindern mit Behinderungen, Krippen-, Hortkindern etc.) liegen. Wichtig ist hier nur, dass deutlich erkennbar wird, dass die Einrichtung über das normale Maß des Erwartbaren hinausgeht und sich somit deutlich profiliert.

Eine Profilierung war bisher kaum nötig, wird aber zunehmend wichtiger

Natürlich gab es immer schon profilierte Kindertageseinrichtungen, die sich von den anderen durch eindeutige Schwerpunkte und Besonderheiten unterscheiden. Doch bisher war diese Profilierung nicht unbedingt erforderlich. Dies wird in Zukunft si-

Von der Konzeption zum Qualitätshandbuch

cher anders werden. Eine Profilbildung wird sich insbesondere da anbieten, wo man – aus welchen Gründen auch immer – zeigen will, dass man einen eigenständigen Ansatz verfolgt. Über ein unverwechselbares Profil kann eine Einrichtung nicht nur nach außen eine hohe Eigenständigkeit erlangen, sie kann gleichzeitig auch im Innenverhältnis klären, nach welchen pädagogischen Vorstellungen gearbeitet werden soll.

An der Erarbeitung einer Profilbildung sollte das gesamte Team beteiligt werden. Hier gilt es, ausführlich mögliche Schwerpunktbildungen und pädagogische Ansätze zu diskutieren, Entscheidungen zu treffen und dann einen einladenden und verständlichen Text für das Qualitätshandbuch zu formulieren.

Von der Konzeption zum Qualitätshandbuch

 Unser Profil: Interkulturelle Begegnung

Unsere Kindertageseinrichtung fördert den Kontakt der unterschiedlichen Kulturen in unserem Stadtgebiet und vermittelt Hilfestellungen bei Problemen. Dies geschieht durch vielfältige gemeinsame Aktivitäten wie Deutschkurse, internationales Kochen, Tänze und Feste der Kulturen sowie durch Unterstützung bei Behördengängen. Alle Informationsschriften liegen in unterschiedlichen Sprachen auf, damit die Eltern sich an der Gestaltung des Lebens in unserer Einrichtung beteiligen können.

 Unsere pädagogischen Prinzipien

Arbeiten nach dem Situationsansatz
Die Orientierung an Lebenssituationen der Kinder heißt, von Situationsanlässen, Alltagserfahrungen und Erlebnissen der Kinder auszugehen sowie ihre Fragen und Interessen aufzugreifen. Den Kindern werden Fertigkeiten und Wissen vermittelt, die in einem Zusammenhang zu ihrer sozialen Situation und ihren konkreten Lebensbereichen stehen. Dabei werden Situationsanlässe insbesondere daraufhin untersucht, welche Fähigkeiten Kinder erwerben können, um möglichst selbstbestimmt und kompetent denken und handeln zu können.

Orientierung am einzelnen Kind
Die Kinder werden als eigenständige Persönlichkeiten anerkannt, die im Rahmen der Gesetzmäßigkeit einer Gruppe selbst bestimmen können, mit wem und wo sie sich aufhalten möchten. Kindern begegnen wir mit Respekt, wir nehmen ihre Bedürfnisse und Interessen ernst und bilden mit ihnen eine Interessengemeinschaft. Wir arbeiten nicht mit Kindern, wir leben mit ihnen zusammen. Wir geben den Kindern die Möglichkeit, eigene Entscheidungen zu treffen, eigene Erfahrungen zu machen, eigene Bedürfnisse kennen zu lernen, Wünsche zu äußern und Grenzen zu erfahren. Kinder können bei uns Erfahrungen sammeln, experimentieren, sich mit Freunden treffen, sich bewegen, aber auch unbeaufsichtigt spielen, sich zurückziehen, nein sagen.

Ein Qualitätsmanagementsystem macht eine inhaltliche oder pädagogische Profilbildung nicht zwingend erforderlich. Ein klares Profil kann aber eine gemeinsame pädagogische Ausrichtung geben und damit Identität und Zusammengehörigkeitsgefühl.

 Lesetipp:
Büttner, Ch./Dittmann, M. (1999): Kindergartenprofile. Beltz-Verlag. Weinheim, München.

Von der Konzeption zum Qualitätshandbuch

6. Aus vagen Zielbeschreibungen werden konkrete Zielaussagen

Die Zieldimension – Herzstück des Qualitätsmanagementsystems

Die Formulierung der pädagogischen Ziele und der Ziele der Elternarbeit führt zum Zentrum des Qualitätsmanagementsystems. Denn die Ziele stellen die oberste Instanz dessen dar, was erreicht werden muss, und erhalten damit eine hohe Verbindlichkeit. Sie resultieren aus einer Analyse der Erwartungen und Bedürfnisse der möglichen Zielgruppe sowie der zur Verfügung stehenden Bedingungen.

Eine Kindertageseinrichtung in einem sozialen Brennpunkt wird andere Ziele formulieren als etwa eine in einem gehobenen Stadtteil mit Kindern aus gutbürgerlichen Familien. Entscheidend kommt es jedoch bei der Zielbestimmung darauf an, konkrete Ziele zu formulieren.

? Klarheit und Überprüfbarkeit von Zielen

Ziele klären darüber auf, was eine Einrichtung erreichen will. Sie müssen so formuliert werden, dass das Zielversprechen präzise zum Ausdruck kommt und dass die Zielerreichung auch tatsächlich überprüft werden kann.

Klassische Zielformulierungen sind meist unklar

Je klarer die Zielformulierungen, um so leichter lassen sich die daraus abzuleitenden Leistungen und die angestrebten Ergebnisse festlegen. Bloße Willensaussagen wie zum Beispiel »Unsere Kinder sollen sich wohl fühlen« reichen aus dem Grund nicht aus, weil sich aus solchen Formulierungen keine Verbindlichkeit herstellen lässt. Klarer wären hier zum Beispiel Formulierungen wie »Die Kinder kommen gerne in unsere Kindertageseinrichtung« oder einfach »Die Kinder fühlen sich wohl«. In diesem Fall liegt es dann bei der Einrichtung, später den Nachweis dafür zu erbringen, dass das Ziel erreicht wurde.

Beispiel: Zielbeschreibungen aus Konzeptionen

„In unserem Kindergarten erfahren die Kinder partnerschaftliche und demokratische Erziehung. Wir Erzieherinnen schaffen Freiräume für die Kinder, wobei Konsequenzen und erzieherisch notwendige Grenzen gesetzt werden."

„Wir wollen die Kinder in ihrer Entwicklung begleiten, ihnen Möglichkeiten auftun und sie in ihren Fähigkeiten und Interessen unterstützen, dem Ziel der ganzheitlichen Erziehung entsprechend."

Von der Konzeption zum Qualitätshandbuch

Folgende Unklarheiten bei Zielformulierungen tauchen in klassischen Konzeptionen immer wieder auf:
- Die Zielformulierungen sind zu allgemein.
- Sie werden lediglich als Willensbekundungen formuliert.
- Sie sind unübersichtlich dargestellt.

Bei der Zielformulierung muss eine hohe Klarheit angestrebt werden. Ziele müssen Endzustände benennen, deren Erreichen man später überprüfen kann.

Verschiedene Wege führen zu stimmigen Zielen
Sind in einer Einrichtung Ziele bereits formuliert, so sollten sie auf eine adäquate Formulierung hin überprüft und gegebenenfalls verbessert werden. Entwickelt man die Ziele neu, so können alle Elemente der Situationsanalyse noch einmal aufgegriffen und auf die Frage hin diskutiert werden, welche wichtigen Ziele sich daraus für die Arbeit mit Kindern und für die Elternarbeit ableiten lassen. Bei einem solchen Brainstorming werden viele Begriffe zusammengetragen, die dann sortiert und vor allem reduziert werden müssen.
Da der Zieldimension absolut höchste Priorität in einer Einrichtung eingeräumt werden muss (versprochen ist versprochen!), gilt es auf der einen Seite, die Ziele nicht zu hoch zu stecken, denn in diesem Falle können sie nicht erreicht werden, was sich auf Dauer negativ bemerkbar macht. Auf der anderen Seite aber dürfen die Ziele auch nicht zu niedrig angesetzt werden, da sie in diesem Falle nicht attraktiv wirken, was dazu führen könnte, dass sich die Eltern für eine andere Einrichtung entscheiden.

Sind die wichtigen Begriffe auf dem Wege einer Situations- und Adressatenanalyse gefunden, gilt es, sie in klare Zielformulierungen umzugestalten. Ist dies geschehen, können alle Ziele in einem Zielkatalog zusammengefasst und im Qualitätshandbuch festgehalten werden.

 Unsere Ziele

- Die Kinder sind gerne bei uns und zeigen Gemeinschaftssinn.
- Die Kinder entwickeln eine eigenständige Persönlichkeit und umfassendes Selbstvertrauen.
- Die Kinder erweitern kontinuierlich ihr Wissen, ihre lebenspraktischen Fähigkeiten und ihre Lernfähigkeit.
- Die Kinder entwickeln Freude an Bewegung und Sport.
- Die Kinder entdecken ihr Interesse an der natürlichen Umwelt und erleben die Natur mit allen Sinnen.

Von der Konzeption zum Qualitätshandbuch

Was in Bezug auf die pädagogischen Ziele durchgeführt wurde, muss dann noch in Bezug auf die Elternarbeit geschehen. Es gilt genau zu prüfen, welche Ziele wirklich versprochen werden können und wo die Grenzen der Einrichtung liegen. Denn es besteht sonst die Gefahr, dass sich zu große Versprechungen (z.B. »Eltern sind umfassend beraten«) letztlich nicht einlösen lassen.

> **Was Sie als Eltern von uns erwarten können**
>
> - Sie sind umfassend über die Entwicklung ihres Kindes und die Arbeit des Kindergarten informiert.
> - Sie fühlen sich durch den Kindergarten entlastet und in ihrer Erziehungsarbeit unterstützt.
> - Sie finden im Kindergarten vielfältige Kontakte zu anderen Familien.

7. Aus allgemeinen Versprechen werden konkrete Ergebnis- bzw. Wirkungsaussagen

Ergebnisnachweise – wozu?
Weil heute erwartet wird, dass versprochene Ziele auch tatsächlich erreicht werden, gilt es, die Ergebnisse konkret zu benennen und soweit wie möglich messbar zu machen. Ob Kinder sich altersgemäß entwickeln, kann zum Beispiel durch eine genaue Beobachtung und Dokumentation ihrer Entwicklung überprüft werden, weitere Indizien können ein gelungener Übergang in die Schule und die Zufriedenheit der Eltern mit der Entwicklung ihrer Kinder sein.

Bereits dieses Beispiel macht deutlich, dass es nicht einfach ist, Ergebnisse von Erziehungsprozessen zu messen. Doch wer etwas verspricht, muss auch nachweisen, dass er sein Versprechen einhalten kann.

> **Ergebnisse als Nachweis der Zielerreichung**
>
> Das Benennen zu erwartender Ergebnisse oder Wirkungen gibt dem Nutzer einer Einrichtung darüber Auskunft, mit welchen Ergebnissen oder Wirkungen bezüglich der Zielerreichung er rechnen kann.

Verwendet man anstelle des Begriffs »Ergebnis« den der »Wirkung«, so wird noch deutlicher, worauf es bei diesem Punkt ankommt. Eltern möchten erfahren, was eine Kindertageseinrichtung bewirken kann und was nicht. Wo zum Beispiel die Entwicklung der Kreativität ein wichtiges Ziel ist, werden sie später den Nachweis erwarten, dass sich ihr Kind in diesem Bereich auch wirklich entwickelt hat.

Von der Konzeption zum Qualitätshandbuch

Konzeptionen machen kaum Aussagen über Ergebnisse

Klassische Konzeptionen geben über solche Wirkungen keine Auskunft. Sie sind meist sehr stark »inputorientiert«, d.h. sie beschreiben das, was die Erzieherinnen tun, nicht aber das, was erwartet werden kann. Man setzt darauf, dass die Bemühungen in irgendeiner Weise fruchtbar sein werden. Einen Nachweis darüber glaubt man nicht führen zu müssen.

Sind jedoch die Ziele klar formuliert, so kann man daran gehen, mögliche Ergebnisse oder Wirkungen zu benennen und regelmäßig zu messen. Auf diese Weise erhält man ein »Daten-Feedback«, das es erlaubt, die erbrachten Leistungen zu beurteilen und erforderlich werdende Verbesserungsmaßnahmen zu entwickeln. Natürlich wird man nie endgültig beweisen können, ob eine Wirkung allein durch die Kindertageseinrichtung erzielt worden ist. Kinder entwickeln sich eigenständig und natürlich tragen auch die Eltern einen großen Teil dazu bei. Trotzdem kann die Konstruktion eines solchen Zusammenhangs dazu beitragen, den Blick der Organisation für jeweils erforderliche Leistungen zu schärfen.

Von der Konzeption zum Qualitätshandbuch

Ziele	Mögliche Wirkungen / Ergebnisse
Die Kinder entwickeln Gemeinschaftsfähigkeit.	Die Kinder zeigen • prosoziales Verhalten, • finden Freunde, • lösen Konflikte selbstständig.
Die Kinder entwickeln zunehmend Selbstständigkeit und eine eigenständige Persönlichkeit.	Die Kinder zeigen • zunehmend selbstständiges Verhalten, • äußern und begründen eigene Meinungen, • übernehmen Verantwortung für Aufgaben.
Die Kinder sind optimal auf die Schule vorbereitet. Die Kinder freuen sich auf die Schule.	Die Kinder • freuen sich auf die Schule, • zeigen vielfältige grob- und feinmotorische Fähigkeiten und Fertigkeiten, • haben sprachliche Ausdrucksfähigkeit.
Die Eltern sind umfassend informiert.	Die Eltern • kennen die Konzeption der Einrichtung, • wissen, was ihre Kinder spielen, • sind über die aktuellen Themen informiert.

Einführung von Ergebniskriterien und Messinstrumentarien

Erforderlich bei der Einführung von Ergebniskriterien ist es, dass die Einrichtung damit beginnt, Instrumentarien zu entwickeln, die der Überprüfung der Zielerreichung dienen. Folgende Instrumentarien erscheinen sinnvoll und wichtig:
- Ein *Kinderbeobachtungsbogen,* in dem die Entwicklung des Kindes bezüglich der

Von der Konzeption zum Qualitätshandbuch

einrichtungseigenen Ziele, aber auch ganz allgemein regelmäßig dokumentiert wird.
- Ein *Gruppenbeobachtungsbogen,* in dem Entwicklungen von Kindergruppen dokumentiert werden.
- *Elternfragebögen,* die der Erfassung des (Betreuungs-) Bedarfes, aber auch der Erfassung der Zufriedenheit der Eltern mit der Einrichtung während und am Ende der Kindergartenzeit dienen.
- *Mitarbeiterinnenfragebögen,* die der Einschätzung der Zufriedenheit der Mitarbeiterinnen dienen.

Die Ergebnisse der vielfältigen Beobachtungs- und Befragungsmaßnahmen können jährlich zusammengetragen werden. Sie dienen der Einschätzung der Arbeit (vgl. Punkt 11, *Systematische Evaluation,* Seite 60) und erlauben so zugleich die kontinuierliche Verbesserung.

⌂ **Woran wir uns messen**

Selbstverständlich überprüfen wir die Zielerreichung unserer Arbeit regelmäßig und forschen nach Verbesserungsmöglichkeiten. Folgende Aspekte spielen für uns eine ganz besondere Rolle und werden von uns systematisch gemessen und bewertet:

Die Entwicklung der Kinder
- in Bezug auf die Erreichung unserer pädagogischen Ziele sowie
- in Bezug auf ihre altersgemäße Entwicklung messen wir durch Beobachtungsverfahren und anhand der Einschätzung durch die Eltern.

Die Zufriedenheit der Kinder
Die Zufriedenheit der Kinder mit unserer Arbeit erheben wir im Rahmen von regelmäßig stattfindenden Kinderkonferenzen.

Die Zufriedenheit der Eltern
- in Bezug auf unser Dienstleistungsangebot sowie
- in Bezug auf unsere Ziele der Elternarbeit erfahren wir durch regelmäßige Elternbefragungen.

Von der Konzeption zum Qualitätshandbuch

8. Aus Angeboten werden Leistungen

Begriffsklärung

Um die Ziele erreichen zu können, müssen die wichtigsten Leistungen, die durch die Mitarbeiterinnen täglich zu erbringen sind, benannt werden. Diese reichen von der morgendlichen Begrüßung über Formen des Freispiels, über guppeninterne oder gruppenübergreifende Aktivitäten, Gemeinsame Sing- oder Turnveranstaltungen bis hin zu Ausflügen und Festen.

> **? Leistungen sind Maßnahmen zur Zielerreichung**
> Leistungen klären darüber auf, mit welchen Angeboten und Maßnahmen eine Einrichtung ihre Ziele erreichen möchte.

Natürlich werden sich die Kindergärten in den Grundleistungen nicht wesentlich voneinander unterscheiden. Optimale Möglichkeiten zum Freispiel, gemeinsame Gruppenaktivitäten, Angebote zum Basteln und Malen, Ausflüge etc. finden sich in den meisten Einrichtungen. Nicht überall aber gibt es zum Beispiel Kinderkonferenzen, Projektarbeit, den Waldtag oder eine Kochgruppe. Solche zusätzlichen Leistungen sind sinnvoll und wichtig, wenn sie der Zielerreichung dienen. So muss zum Beispiel eine Kindertageseinrichtung, die sich zum Ziel setzt, dass »Kinder ein Bewusstsein für die Natur entwickeln«, Leistungen wie zum Beispiel regelmäßige Naturerkundungen oder eine Garten-AG etc. anbieten. Würde sie dies nicht tun, hätte sie ihr Ziel mit Sicherheit nicht erreicht.

Konzeptionen bieten oftmals nur Stoffsammlungen

Bislang werden Leistungsbeschreibungen oftmals als reine Ansammlung von Tätigkeiten dargestellt. In einem solchen Fall beschreibt die Konzeption dann, wie der Tagesablauf gegliedert ist und was die Kinder alles machen können.

So gestalten wir unseren Tagesablauf im Kindergarten:

Ab 07:30 Uhr:
- *offenes Freispiel im Wechsel mit*
- *Angeboten und Aktivitäten,*
- *Projekten,*
- *Exkursionen/Spaziergängen und*
- *Spielen im Garten*

Ab ca. 10:30 Uhr:
- *gemeinsames Aufräumen*
- *anschließend Kinderkreis*

Von der Konzeption zum Qualitätshandbuch

Ab ca. 11:30 Uhr – 12:30 Uhr (flexible Abholzeit):
- *Freispiel drinnen oder draußen oder*
- *gemeinsames Spielen*

13:30–16:00 Uhr:
- *Exkursionen*
- *Angebote und Aktivitäten*
- *Einzelförderung*
- *Projektarbeit*
- *Spiel im Garten*

Was häufig fehlt, ist zweierlei:
1. Die Definition der einzelnen Leistungen. Dabei ist jede Leistung möglichst konkret zu definieren, so dass sie für alle Mitarbeiterinnen und für die Eltern und Kinder verständlich wird.
2. Die Konstruktion eines logischen Zusammenhangs zu den Zielen.

Ein Leistungskatalog muss entworfen werden

Ausgehend von den Zielen sind die erforderlichen Leistungen zu benennen und zu definieren. Ordnet man die Leistungen den einzelnen Zielen zu, so lassen sich logisch-stimmige und attraktive Texte für das Qualitätshandbuch entwickeln, die dann auch in eine Veröffentlichungsschrift übertragen werden können.

⌂ Unsere Leistungen

Vielfältige Angebote zum Freispiel ermöglichen den Kindern anregende Spiel- und Lernerfahrungen.

Eine *abwechslungsreiche Raumgestaltung* sorgt für Sicherheit, Wohlgefühl und Anregung.

Regelmäßige Projekte dienen der Erforschung der Lebenswelt und tragen zur Bereicherung des Wissensstandes der Kinder bei.

Gesunde Mahlzeiten fördern das Wohlbefinden aller Kinder.

Jährliche Elterngespräche halten den Dialog zwischen Erzieherinnen und Eltern aufrecht und sichern die gemeinsame Zusammenarbeit zum Wohle der Kinder.

Regelmäßige Elternabende garantieren den aktuellen Informationsstand der Eltern und fördern das gegenseitige Sich-Kennenlernen.

Von der Konzeption zum Qualitätshandbuch

9. Kern- und Schlüsselprozesse sowie eigene Qualitätsstandards sichern das Dienstleistungsversprechen und eine hohe Prozessqualität

Als Kernprozess bezeichnet man diejenigen Prozesse, die für die zentrale Aufgabenbestimmung eines Unternehmens unverzichtbar sind. Auch wenn jede Kindertageseinrichtung eigene Ziele formulieren kann, so muss sie sich doch in jedem Falle an der (per Gesetz vorgegebenen) Verpflichtung zur Erziehung, Bildung und Betreuung der Kinder orientieren und diesen Kernprozess durch geeignete Vorkehrungen überprüfen und sichern. Zusätzlich können Schlüsselprozesse sowie Qualitätsstandards benannt werden, die den Kernprozess unterstützen sollen.

> **? Kernprozess und Schlüsselprozesse sichern die zentrale Aufgabenstellung der Kita**
>
> Der Kernprozess in einer Kindertageseinrichtung ist das grundlegende Versprechen auf Bildung, Erziehung und Betreuung aller Kinder. Er umfasst alle Maßnahmen der Prozessplanung, Prozesslenkung und Prozessgestaltung. Die Hervorhebung von Schlüsselprozessen und einrichtungseigenen Qualitätsstandards dient der zusätzlichen Sicherung.

Die von einer Einrichtung durchgeführten Maßnahmen im Rahmen von Schlüsselprozessen lassen den Beobachter erkennen, ob genügend Vorkehrungen getroffen wurden, den versprochenen »Gewinn« sicher zu stellen. Je klarer der Kernprozess, die einzelnen Schlüsselprozesse sowie die einrichtungseigenen Standards beschrieben werden, um so mehr Vertrauen kann entstehen und um so sicherer kann das Team einer Einrichtung sein, alles Notwendige getan zu haben, um eine hohe Gesamtqualität garantieren zu können.

Aus einzelnen Maßnahmen der Leistungssicherung wird die kontrollierte Gestaltung, Planung und Lenkung des Kernprozesses

Begriffsklärung

Der Kernprozess Erziehen/Bilden/Betreuen kann durch ganz unterschiedliche Vorkehrungen gesichert werden. Diese sind im Einzelnen noch nicht gesetzlich vorgegeben, auf Dauer können und werden aber die Träger der Kinder- und Jugendhilfe sie vorschreiben. Deshalb ist es für eine Einrichtung, die eine hohe Qualität bieten will, ganz sicher besser, nicht den Erlass der Vorgaben abzuwarten, sondern den Kernprozess als wichtiges Teilsystem des gesamten Qualitätsmanagementsystems von sich aus durch folgenden Maßnahmen zu sichern:

Von der Konzeption zum Qualitätshandbuch

- Bezüglich der Prozessgestaltung:
durch den ständigen Dialog mit allen Interessenpartner, insbesondere durch den regelmäßigen Austausch mit Eltern über die Entwicklung ihrer Kinder (Aufnahme-, Entwicklungs- und Beratungsgespräch) sowie die regelmäßige Beobachtung aller Kinder und die Dokumentation und Auswertung der erzielten Ergebnisse.

- Bezüglich der Prozessplanung:
durch die gezielte Planung aller pädagogischen Leistungen (zum Beispiel durch Projektplanung, Jahresplanung, Wochenplanung etc.).

- Bezüglich der Prozesslenkung:
durch die Einbeziehung der Eltern und Kinder in den gesamten Dienstleistungsprozess, die Durchführung ausgewählter Fördermaßnahmen für Kinder mit besonderen Problemen sowie die Zusammenarbeit mit Fachdiensten und Therapeut/-innen.

Konzeptionelle Aussagen bleiben zu allgemein

Normalerweise beschreiben Konzeptionen mehr oder weniger allgemein die Sicherung ihres Kernprozesses. Oftmals werden die Eltern darüber in Kenntnis gesetzt, dass sie sich jederzeit an die Erzieherinnen mit Fragen zum Entwicklungsstand des Kindes wenden können.

Formulierungen in Konzeptionen:

Sie können sich jederzeit an uns wenden ... Für alle Fragen, die die Entwicklung ihres Kindes betreffen, stehen wir Ihnen gerne zur Verfügung ...

Was fehlt, ist eine systematische und kontinuierliche Darlegung der einzelnen Prozesse, die zusammen dann die Sicherung des Erziehungs-, Bildungs- und Betreuungsversprechens garantieren.

Formen der Kernprozesssicherung müssen benannt werden

Deshalb gilt es jetzt, Prozesse und Verfahren zu bestimmen, die die Sicherung des Kernprozesses optimal überprüfen und garantieren. Dazu sollten gemeinsam mit dem Team folgende Fragen geklärt werden:

1. Durch welche Verfahren wird der ständige Dialog zwischen Mitarbeiterinnen und Eltern gesichert?
Wie erhalten die Eltern die für sie relevanten Informationen?
Wie werden die Eltern am Erziehungs- und Bildungsprozess beteiligt?
Durch wen und wie wird der besondere Förderbedarf von Kindern festgestellt und wie wird diesem Rechnung getragen?

Von der Konzeption zum Qualitätshandbuch

2. Welche Verfahren zur Planung der pädagogischen Arbeit sind vorgesehen?
   Gibt es zeitlich unterschiedliche Planungsphasen (Jahres-, Monats-, Wochenplanung etc.)?
   Gibt es bestimme Planungsverfahren (Situationsanalysen, Vorbereitungsverfahren etc.)?
   Wie wird sicher gestellt, dass bei den verschiedenen Planungsverfahren die Interessen der Kinder und Eltern angemessen berücksichtigt werden?
   Welche Dokumentvorlagen erleichtern die Planungsprozesse?

3. Durch welche Verfahren wird der Prozess der Erziehung, Bildung und Betreuung gelenkt und auf die Gruppe bzw. das einzelne Kind abgestimmt?

Von der Konzeption zum Qualitätshandbuch

4. Gibt es regelmäßige schriftliche Auswertungen der Aktivitäten der Kinder?
5. Wie werden Beschwerden und Unzufriedenheiten von Eltern erfasst und bearbeitet?

Sich aus der Diskussion ergebende Begriffe und Verfahren zur Sicherung des Kernprozesses werden schließlich in Texte gefasst und in das Qualitätshandbuch übernommen.

⌂ Prozessgestaltung

Der Kernprozess der Bildung, Erziehung und Betreuung wird durch den ständigen Dialog aller Beteiligten nachhaltig gefördert und gesichert. Folgende Maßnahmen dienen dazu, diesen Dialog zu strukturieren und so intensiv wie möglich zu gestalten:

1. Ein Aufnahmegespräch zu Beginn der Kindergartenzeit stellt sicher, dass die Einrichtung alle notwendigen Informationen über das einzelne Kind erhält und sich so auf die pädagogische Aufgabe einstellen kann.
2. Die regelmäßige Beobachtung und Auswertung der Aktivitäten der Kinder mittels strukturierter Beobachtungsbogen sichert jedem Kind die Aufmerksamkeit, die es benötigt, um entwicklungs- und altersgemäß gefördert werden zu können.
3. Jährliche Entwicklungsgespräche zwischen den Mitarbeiterinnen und den Eltern stellen einen kontinuierlichen Informationsfluss zwischen Kindergarten und Familie sicher und garantieren die optimale Gestaltung der Betreuungs-, Bildungs- und Erziehungsaufgabe des Kindergartens.
4. Bei Bedarf oder auf Wunsch der Eltern organisiert bzw. vermittelt der Kindergarten weitere Einzelfördermaßnahmen. Auf diese Weise erhalten auch die Kinder, die von einer Entwicklungsverzögerung bedroht sind, eine adäquate Förderung.

⌂ Prozesslenkung (Ergebnissicherung)

Wichtigstes Ergebnis der Arbeit des Kindergartens ist der Nachweis, dass sich jedes Kind in der Einrichtung wohl fühlt und sich bezüglich der in den Zielen formulierten Aspekte ständig weiterentwickelt. Dabei finden folgende Verfahren zur Zielmessung regelmäßig Anwendung:

1. Ein Kinderbeobachtungsbogen erlaubt es, die Entwicklung jedes einzelnen Kindes bezüglich der einrichtungseigenen Ziele, aber auch ganz allgemein festzustellen.

Von der Konzeption zum Qualitätshandbuch

2. Ein Soziogramm ermöglicht den Nachweis von Entwicklungen im Bereich der Gruppe.

3. Verschiedene Elternfragebögen dienen der Erfassung des Informationsstandes und der Zufriedenheit der Eltern mit der Einrichtung während und am Ende der Kindergartenzeit.

4. Mitarbeiterinnenfragebögen halten die Einschätzung der Zufriedenheit der Mitarbeiterinnen fest.

Die Ergebnisse der vielfältigen Beobachtungs- und Befragungsmaßnahmen werden jährlich zusammengetragen und dienen der Einschätzung der Zielerreichung.

Zusätzliche Schlüsselprozesse dienen der Absicherung des Leistungsversprechens

Die Sicherstellung des Kernprozesses kann außerdem durch verschiedene Schlüsselprozesse gefördert werden. Als Schlüsselprozess werden solche Verfahren bezeichnet, die von außergewöhnlicher Bedeutung für die Unterstützung des Kernprozesses sind. Schlüsselprozesse können zum Beispiel sein:
- besondere Verfahren zur Sicherung der pädagogischen Atmosphäre in der Einrichtung (Raumgestaltung, pädagogischer Umgang etc.),
- die gezielte Förderung von Kindern mit sprachlichen oder sonstigen Defiziten sowie die enge Kooperation mit sonderpädagogischen Diensten,
- besondere Verfahren zur Aufnahme der Kinder, zur Förderung behinderter Kinder etc.
- die gezielte Schulung, Förderung und Überprüfung eines förderlichen Erzieherinnenverhaltens etc.

Die ausdrückliche Benennung einzelner Schlüsselprozesse fehlt in den meisten Konzeptionen. Einrichtungen können hier (müssen aber nicht) vor dem Hintergrund gemeinsamer Überlegungen im Team Prozesse benennen und dafür geeignete Verfahren entwickeln, um den Kernprozess weiter abzusichern.

Von der Konzeption zum Qualitätshandbuch

⌂ Unser Schlüsselprozess: Die bewusste Gestaltung der Eingewöhnungszeit

Damit die Erziehung, Bildung und Betreuung in unserer Einrichtung gelingt, legen wir großen Wert auf die Gestaltung der Eingewöhnungszeit der Kinder. Durch ein intensives Eingehen auf die neuen Kinder, durch konzentrierte Beobachtung und durch regelmäßige Tür-und-Angel-Gespräche mit den Eltern stellen wir sicher, dass sie sich wirklich wohl fühlen, sich in die Gruppe einleben und sich nach und nach offen ihrer Lern- und Spielumwelt zuwenden.

Den Abschluss der Eingewöhnungszeit bildet ein Elterngespräch, bei dem wir uns mit den Eltern über die Situation und über mögliche Bedürfnisse des Kindes austauschen, um so eine optimale Abstimmung zu gewährleisten.

Aus allgemeinen Prozessbeschreibungen werden einrichtungseigene Qualitätsstandards

Die Entwicklung von weiteren Prozessbeschreibungen in Form von einrichtungseigenen Qualitätsstandards, die für alle verbindlich sind, unterstützt zusätzlich den Kernprozess und dessen Schlüsselprozesse. Sie tragen mit dazu bei, dass die vorgesehenen Leistungen nicht nach eigenem Gutdünken, sondern von allen Mitarbeiterinnen gleichermaßen gut erbracht werden. In einem Team würden sonst die vielen Mitarbeiterinnen sehr schnell vollkommen unterschiedlich handeln. Daher müssen diese Leistungen bezüglich ihrer Erbringung genau beschrieben werden.

❓ Der Sinn einrichtungseigener Qualitätsstandards

Einrichtungseigene Qualitätsstandards beschreiben den Prozess der Leistungserbringung sowohl bezüglich der Art der Durchführung (Verfahrensbeschreibung) als auch bezüglich fachlicher Erwartungen. Eine Orientierung an aktuellen fachwissenschaftlich begründeten Standards ist dabei unverzichtbar.

Die Entwicklung und schriftliche Niederlegung von einrichtungseigenen Qualitätsstandards muss zwei Forderungen erfüllen:

- Fehlerfreiheit:
Die Beschreibung muss der einzelnen Mitarbeiterin erlauben, eine Leistung möglichst fehlerfrei zu erbringen. Deshalb ist es besonders wichtig, dass eine detaillierte Beschreibung der Vorgehensweise erfolgt. Ge-

Von der Konzeption zum Qualitätshandbuch

rade bei solch komplexen Leistungen wie etwa der Projektarbeit ist es sehr wichtig, die einzelnen Vorgänge in Ablaufschemata zu bringen und präzise zu beschreiben. Die reine Verfahrensbeschreibung sichert noch keine hohe Qualität, aber sie garantiert höchstmögliche Fehlerfreiheit und verhindert so mögliche Konflikte über richtig und falsch im Team.

- Qualitätsanforderungen:
Eine Leistung kann bezüglich ihrer formalen Erbringung klar beschrieben werden (was soll gemacht werden?), damit muss aber noch nichts darüber ausgesagt werden, »wie« eine Leistung erbracht werden soll. Dazu gilt es zusätzlich qualitative Anforderungen an das Verhalten der Erzieherinnen zu formulieren. Erst dadurch wird es möglich, eine hohe Qualität zu erreichen.

Qualitätsstandards – vorhanden, aber im Bedarfsfall nicht auffindbar

In vielen Einrichtungen sind einrichtungseigene Qualitätsaussagen vorhanden, liegen aber selten in schriftlicher Form und für alle Mitarbeiterinnen der Einrichtung gut sichtbar vor. Oft verbergen sie sich in Protokollen von Teambesprechungen und/oder Planungstagen. Das Problem dabei ist, dass sie im Bedarfsfall kaum aufzufinden sind und von daher nicht als verbindlich angesehen werden.

Wie werden einrichtungseigene Qualitätsstandards entwickelt?

Beim Prozess der Entwicklung von Standards geht es nicht so sehr darum, etwas völlig Neues zu entwickeln, vielmehr geht es darum, die vorhandenen Verfahren auf ihr Qualitätsniveau zu befragen, gegebenenfalls weiter zu entwickeln und dann für alle Beteiligten transparent darzulegen. Eine große Gefahr bei diesem Vorgang liegt darin, dass man versucht, in aller Eile möglichst viele Qualitätsstandards zu formulieren und dabei nicht die Chance wahrnimmt, die Qualität der bisherigen Arbeit wirklich zu überprüfen und nachhaltig zu verbessern. Dabei ist es erforderlich, sowohl gegenüber der eigenen Praxis kritisch zu sein als auch sich erst noch einmal kundig zu machen, welche wissenschaftlichen Standards für bestimmte Leistungen bereits vorhanden sind. Denn die einrichtungseigenen Standards sollten nicht unter den gängigen Erwartungen an eine gute Qualität (technisch ausgedrückt: unter dem »Stand der Technik«) liegen.

Bei der Entwicklung einrichtungseigener Standards empfiehlt es sich zunächst, die bereits vorhandenen Verfahrensbeschreibungen zu sammeln, zu ordnen und dann eine Prioritätenliste bezüglich der Entwicklung weiterer einrichtungseigener Qualitätsstandards festzulegen.

Von der Konzeption zum Qualitätshandbuch

In jeder Einrichtung können jeweils andere Leistungen besonders wichtig sein. Manchmal erscheint es angezeigt, mit grundlegenden Qualitätsstandards zu beginnen, etwa für die Raumgestaltung, für das Erzieherinnenverhalten, für die Projektarbeit oder für Elterngespräche. Es kann aber auch sinnvoll sein, Standards da zu entwickeln, wo es viele Differenzen zwischen den einzelnen Mitarbeiterinnen gibt. Dies könnte zum Beispiel die Gestaltung der Gartenspielzeit, des Mittagessens, der Mittagspause etc. sein. Wieder andere Einrichtungen könnten damit beginnen, Standards für neu anstehende Aufgaben wie zum Beispiel die Betreuung von behinderten Kindern oder die Umsetzung von Umweltbewusstsein in der Einrichtung zu formulieren.

In jedem Fall müssen insbesondere die Leiterinnen den Stand ihrer Einrichtung gut analysieren und dann da den Hebel ansetzen, wo ihrer Meinung nach am schnellsten Verbesserungseffekte erreichbar sind. Denn von den erzielten Erfolgen wird es abhängen, ob die Mitarbeiterinnen den Nutzen solcher gemeinsamer Standards einsehen oder diese eher für überflüssig halten.

Gemäß der oben dargelegten Anforderung gilt es, den jeweiligen Qualitätsstandard so anzulegen, dass er der Forderung nach Fehlerfreiheit und hoher Qualität Rechnung trägt. Zur Entwicklung solcher Standards muss nicht immer das gesamte Team herangezogen werden. In größeren Einrichtungen empfiehlt sich die Einberufung von Qualitätszirkeln, die die Aufgabe erhalten, stellvertretend für das Team den Standard zu entwerfen und vorzubereiten. Dieser wird dann dem Gesamtteam zur Diskussion und für Verbesserungsvorschläge vorgelegt.

 Aufbau eines Qualitätsstandards

1. Name der zu erbringenden Leistung
2. Kurzdefinition
3. Bedeutung
4. Ziele
5. Vorbereitung, Durchführung, Nachbereitung
6. Pädagogische Werthaltung
7. Mitgeltende Unterlagen

Die Ablage der Qualitätsstandards erfolgt in Band II des Qualitätshandbuches. Beispiele für solche Standards finden sich in Kapitel 4 im Muster-Qualitätshandbuch.

 Lesetipp:
Kronberger Kreis (1998): Qualität im Dialog entwickeln. Wie Kindertageseinrichtungen besser werden. Kallmeyer'sche Verlagsbuchhandlung. Seelze.

10. Aus schriftlichen Unterlagen wird ein Dokumentationssystem

Begriffsklärung
Das Dokumentationssystem einer Einrichtung enthält alle Dokumentvorlagen, die bei der Vorbereitung, Durchführung und Bewertung der die pädagogische Arbeit und die organisatorischen Prozesse betreffenden Vorgänge eingesetzt werden.

? Das Dokumentationssystem als Gedächtnis der Einrichtung
Das Dokumentationssystem stellt das »Gedächtnis« der Einrichtung dar. Es unterstützt die Planung, die Beschreibung und das Festhalten von Ergebnissen im Zusammenhang mit der Erbringung einzelner Leistungen. Gleichzeitig liefert es Informationen für den Prozess der ständigen Verbesserung.

Der Begriff »System« bringt dabei zweierlei zum Ausdruck:
1. Alle Dokumente werden in eine Gesamtsystematik eingebunden, so dass jede Mit-

arbeiterin die gewünschte Aufzeichnung schnell findet. Die Kinderakten und die Gruppenakten befinden sich zum Beispiel in den einzelnen Gruppen, während übergreifende Dokumente, die den Bereich der Teamarbeit oder der Kooperation mit anderen Einrichtungen betreffen, zentral zu finden sind.
2. Jedes Dokument ist in sich systematisch gegliedert und unterstützt die Vorbereitung, Durchführung und Reflexion eines Prozesses. So enthält zum Beispiel das Protokolldokument eines Elterngesprächs Sparten für die Dokumentation der Vorbereitung, der Durchführung und der Bewertung des Gesprächs.

Von der unsystematischen zur systematischen Dokumentation
Natürlich haben Einrichtungen auch bisher schon vielfältige Vorgänge dokumentiert. Solche Dokumentationen bewegten sich aber oftmals im Bereich von rechtlich geforderten Dokumenten wie zum Beispiel Personallisten, Protokollen oder sonstigem Schriftverkehr. Im pädagogischen Bereich wurde häufig, wenn überhaupt, nur die Planung – meist auf sehr individuelle Weise und teilweise unvollständig – dokumentiert. Im Zeichen von Qualitätsmanagementsystemen gilt es hier in Zukunft, alle für die Arbeit einer Einrichtung relevanten Daten, Vorgänge und Ergebnisse systematisch zu erfassen und zu ordnen. Selbstverständlich wird dies in wenigen Jahren über die elektronische Datenerfassung geschehen.

Die Grundaussagen zum Dokumentationssystem sowie dessen Struktur (Gliederung) sind Bestandteil des Qualitätshandbuches Band I. Einzelne Dokumentvorlagen werden in Band II dargestellt. Wichtig bei der Erstellung der einzelnen Dokumente ist deren klare Gliederung, so dass die konkrete Durchführung von Dokumentationsprozessen erleichtert wird. Dazu kann es sinnvoll sein, ein Dokument so zu strukturieren, dass es eine Fülle an wichtigen Teilinformationen sichert. Auf diese Weise wird das Dokument aussagekräftig und kann später auch für Verfahren der Evaluation herangezogen werden. Beispiele hierzu finden sich in Kapitel 4 im Muster-Qualitätshandbuch, *Dokumentationssystem,* Seite 165 ff.

⌂ Unser Dokumentationssystem

Zielsetzungen, Leistungsangebot, pädagogische Arbeitsweisen und Methoden sowie alle zum Nachweis der erbrachten Leistungen notwendigen Aufzeichnungen werden gewissenhaft dokumentiert. Änderungen von Vorgabedokumenten werden grundsätzlich im Gesamtteam diskutiert und beschlos-

Von der Konzeption zum Qualitätshandbuch

sen, die Freigabe veränderter Standards erfolgt durch die Leitung. Alle Mitarbeiterinnen verfügen über ein Exemplar des Qualitätshandbuchs. Interne Ablaufregelungen sind vertraulich zu behandeln.

Alle für den Zweck der Dokumentation entworfenen und erprobten Formblätter sowie ein durchdachtes Ablagesystem gewährleisten eine übersichtliche und zeitsparende Durchführung. Zugleich erlauben sie die Erfassung von Daten zur Ergebnismessung und die Einarbeitung von Verbesserungsvorschlägen.

11. Von freien Formen der Reflexion zur systematischen Evaluation

Begriffsklärung

Zur Sicherung einer hohen Qualität sowohl der durchgeführten Leistungen als auch der erzielten Ergebnisse sind regelmäßige Bewertungsverfahren erforderlich. Die Gesamtheit solcher Verfahren werden im Evaluationssystem zusammengeführt. Darin wird zum Beispiel festgelegt, wann und wie oft bestimmte Bewertungen vorgenommen werden müssen.

? Evaluation bewertet Leistungen, Prozesse, Ergebnisse

Evaluationsverfahren dienen der systematischen Bewertung und Auswertung aller durchgeführten Leistungen und Prozesse sowie der Feststellung und Überprüfung der dabei erzielten Ergebnisse. Auf diese Weise können Fehler früh erkannt und Veränderungen rechtzeitig vorgenommen werden. Evaluation kann in Form von Selbstbewertung und/oder Fremdbewertung erfolgen.

So kann ein Team sich dazu entschließen, einmal jährlich gemeinsam eine Bewertung der Raumqualität durchzuführen, oder ein Teammitglied wird damit beauftragt, die Qualität der Erbringung bestimmter Leistungen (zum Beispiel Kinderkonferenz) durch die Kolleginnen zu beobachten, zu bewerten und dem Team ein Feedback über den Stand zu geben. Die sich daran anschließende Diskussion kann Anlass zu Verbesserungsmaßnahmen sein oder zur Veränderung von bereits vorhandenen Qualitätsstandards führen. Auch externe Beobachter, wie zum Beispiel die Fachberatung, können die Aufgabe der Evaluation übernehmen und dem Team den Stand der Qualität bezüglich ausgewählter Aspekte der Einrichtung darlegen. In der Literatur vorhandene Verfahren, wie zum Beispiel die Kindergarteneinschätzskala erleichtern die Durchführung solcher Evaluationen.

Die bisherige Praxis – unsystematische Reflexion

Bisher geschieht die Auseinandersetzung mit der Qualität der praktischen Arbeit meist im Rahmen einer gemeinsamen Teamreflexion. Die Vorteile dieser Methode liegen darin, dass im Team offen und frei darüber geredet werden kann, was die einzelne Mitarbeiterin über ein Ereignis oder eine Leistung denkt. Die Nachteile liegen im Fehlen einer systematischen Vorgehensweise. Wenn im Team über eine Veranstaltung mit Eltern reflektiert wird, so werden sicher sehr unterschiedliche Erfahrungen geäußert. Was die eine Mitarbeiterin kritisiert, kann die andere gerade als positiv bewerten. Insgesamt fällt es nicht nur schwer, die vielfältigen Aspekte zu ordnen, es fehlt meist auch ein Maßstab, an dem die Veranstaltung gemessen werden kann. Wer hat recht, wenn alle unterschiedlicher Meinung sind, und was kann daraus für die Zukunft gefolgert werden?

Von der Reflexion zur Evaluation
Im neuen System können solche Grundsatzprobleme nicht mehr auftauchen, da hier als Instrumentarium der Qualitätsstandard vorhanden ist. Klar formulierte Ziele und Leistungen sowie ein vorhandener Quali-tätsstandard geben eine Richtschnur für das Handeln und für alle Verfahren der Evaluation vor. Insgesamt lassen sich drei mögliche Evaluationsverfahren unterscheiden:

Die Form der **Selbstevaluation** kann bereits während der Erbringung der Leistung durchgeführt werden. Kennt die Mitarbeiterin die aus einem bestimmten Qualitätsstandard resultierenden Anforderungen und Werthaltungen, dann kann sie sich schon während der Erbringung der Leistung daran orientieren und sich im Falle von Problemen selbst korrigieren. Wenn die Erzieherin weiß, an welche Gesprächsregeln sie sich im Elterngespräch zu halten hat, wird ihr auch ein Konfliktgespräch nicht aus den Händen gleiten, sie wird es souverän meistern.

Die Form der **gegen- oder wechselseitigen Evaluation** setzt voraus, dass im Team eine Atmosphäre herrscht, in der es kaum Konkurrenz zwischen den einzelnen Mitarbeiterinnen gibt und in der die Einzelne offen und interessiert für die Meinung und das Feedback der Kolleginnen ist. Dann können vor dem Hintergrund gemeinsamer und allen bekannter Qualitätsstandards gegenseitige Beobachtungsverfahren durchgeführt werden. Möglich ist hier zum Beispiel
- die Beobachtung einer anderen oder mehrerer Kolleginnen bei der Durchführung eines fachlichen Prozesses,

Von der Konzeption zum Qualitätshandbuch

- die Auswertung von Protokollen und Dokumenten zu einem bestimmten Vorgang in einer anderen Gruppe oder
- die Bewertung und Erarbeitung von Vorschlägen zur Qualität der Raumgestaltung, der Elternarbeit etc.

Die **Fremdevaluation** setzt voraus, dass die Einrichtung offen ist für Anregungen und Kritik von außen und dass sie bereit ist, sich kontinuierlich weiterzuentwickeln. Liegen diese Voraussetzungen vor, können Rückmeldungen von Externen eine wichtige Informationsquelle für das Team sein. Folgende externe Beobachter sind denkbar:

Von der Konzeption zum Qualitätshandbuch

- Kinder, die im Rahmen von Kinderkonferenzen oder Gesprächsrunden dazu aufgefordert werden, ihre Wünsche und Interessen zu äußern;
- Eltern, die über schriftliche Befragungen oder Elterngespräche dazu ermuntert werden, über den Grad ihrer Zufriedenheit Auskunft zu geben und Anregungen und möglicherweise auch Beschwerden zum Ausdruck zu bringen;
- Fachberater/-innen, die den Auftrag erhalten, die Einrichtung aus einer fachlichen Perspektive zu betrachten und den Verantwortlichen eine Rückmeldung über Stand und mögliche Entwicklungsperspektiven der Einrichtung zu geben.

Alle festgelegten Evaluationsverfahren sollen in Band I des Qualitätshandbuches beschrieben sein. Aussagen über die konkrete Durchführung der einzelnen Evaluationsverfahren werden in Band II abgeheftet. Beispiele dazu finden sich in Kapitel 4 im Muster-Qualitätshandbuch.

Messung, Analyse und Verbesserung: Evaluationssystem

Mit Hilfe vielfältiger Evaluationsverfahren werden alle Leistungen regelmäßig überprüft und bewertet. Auf diese Weise können auftretende Probleme und Unzulänglichkeiten früh erkannt und in Angriff genommen werden. Gleichzeitig lassen sich alle Prozesse ständig verbessern.

Die Maßnahmen der kontinuierlichen Evaluation dienen sowohl der systematischen Sammlung und Auswertung von Daten zur Kontrolle der Qualität, der Effektivität und der Effizienz der Arbeit wie auch der kritischen Selbstvergewisserung über das eigene berufliche Handeln und über die Qualitätsentwicklung der methodischen Arbeit.

Wichtige Methoden der Evaluation sind
- die regelmäßige Selbstevaluation vor dem Hintergrund einrichtungseigener Qualitätsstandards,
- eine systematische Teamreflexion,
- ausgewählte Fallbesprechungen,
- ein kollegiales Feedback,
- die regelmäßige Auswertung von Dokumenten,
- Eltern- und Mitarbeiterinnenbefragungen und
- Kinderkonferenzen.

Von der Konzeption zum Qualitätshandbuch

12. Klärung und Pflege grundlegender Organisationsstrukturen

Begriffsklärung

Auch die optimale Gestaltung der organisationalen Strukturen spielt für eine hohe Gesamtqualität der Einrichtung eine wichtige Rolle. Im Allgemeinen geht man davon aus, dass der Aufbau der Organisation so gestaltet sein muss, dass es für die verschiedenen Aufgaben klar definierte Verantwortungsbereiche und Befugnisse gibt.

> **? Organisationsstrukturen klären Verantwortlichkeiten und Befugnisse der Mitarbeiterinnen**
>
> Die Organisationsstrukturen einer Kindertageseinrichtung sollten so konstruiert sein, dass allen einzelnen Aufgaben klar definierte Verantwortungsbereiche und Befugnisse zugewiesen werden. Jede Mitarbeiterin muss wissen
> - was sie zu tun hat,
> - was sie entscheiden kann und muss,
> - wen sie zu informieren hat,
> - wen sie mit einzubeziehen hat und
> - wem gegenüber sie letztendlich verantwortlich ist.

Dienstordnungen reichen nicht mehr aus

In vielen kirchlichen oder von Verbänden getragenen Kindertageseinrichtungen dienen allgemeine Dienstordnungen als Anhaltspunkt für das, was der Träger von seiner pädagogischen Mitarbeiterin erwartet. Klare organisationale Aussagen werden aber nur selten formuliert. Denn in der klassischen sozialen Einrichtung wurden Strukturen nicht offengelegt, erst im Ernstfall zeigte sich, wer jeweils das Sagen hatte. Dies ist jedoch ein Zustand, der heute angesichts der vielen Erwartungen von außen unhaltbar geworden ist. Da die Dienstordnungen zudem oftmals für alle Kindertageseinrichtungen des Trägers Gültigkeit haben, enthalten sie nur sehr allgemeine Aussagen und sind nicht geeignet, die Besonderheit der einzelnen Einrichtung und damit auch das spezielle Anforderungsprofil an die einzelnen Mitarbeiterinnen zu berücksichtigen. Ein weiteres Problem entsteht dadurch, dass vielen Mitarbeiterinnen der Inhalt der Dienstordnung nur vage bekannt ist und demzufolge auch nicht als Arbeitsgrundlage verstanden wird. Auch die Stellenbeschreibung schafft hier nur näherungsweise eine klarere Grundlage.

Aufgabenbereiche und Befugnisse müssen genau benannt werden

In Zukunft gilt es hier, einrichtungsspezifisch die folgenden Fragen zu klären:
1. Wie sehen die Aufgabenbereiche und Befugnisse der einzelnen Funktionsträger –

Von der Konzeption zum Qualitätshandbuch

Leitung, Gruppenleitung, Mitarbeiterinnen – aus?
2. Welche Aufgabenbereiche und Befugnisse werden zum Beispiel dem Gesamtteam, dem Gruppenteam, dem Qualitätszirkel etc. zugewiesen?
3. Wer ist in welchem Umfang für wichtige Teilaufgaben wie Öffentlichkeitsarbeit, Hygiene etc. zuständig?

Für den allgemeinen Teil des Qualitätshandbuchs gilt es dazu wieder einen übergreifenden Text zu formulieren, der die Grundlagen der Organisationsstruktur beschreibt und der Vertrauen in das System schafft. Eine Grafik kann zur Unterstützung eingefügt werden.

wicklung der pädagogischen und strukturellen Qualität.
Die Leitung ist verantwortlich für die Zielsetzung und die Ausrichtung der Einrichtung. Ihre Aufgabe ist es, ein optimales internes Umfeld für die Zielerreichung zu schaffen und zu erhalten.

Die im allgemeinen Text genannten Funktionen und Gremien werden in Band II des Qualitätshandbuchs differenziert dargestellt. Beispiele befinden sich in Kapitel 4 im Muster-Qualitätshandbuch.

13. Von der Teampflege zur systematischen Personalentwicklung

Begriffsklärung
Je größer eine Einrichtung ist bzw. je mehr Einrichtungen ein Träger hat, um so wichtiger wird die gezielte und strukturierte Entwicklung des Personals. Gerade weil der Erzieherberuf ein Frauenberuf ist und infolgedessen mit einer hohen Fluktuation der Mitarbeiterinnen zu rechnen ist, muss durch Maßnahmen zur Personalentwicklung sicher gestellt werden, dass trotz des häufigen Wechsels – insbesondere auch in Leitungspositionen – die Gesamtqualität der Einrichtung(en) nicht beeinträchtigt wird.

⌂ **Unsere Organisationsstruktur**

Die Organisationsstruktur des Kindergartens umfasst unterschiedliche Verantwortungsbereiche und Entscheidungsbefugnisse. Das zentrale Entscheidungsgremium ist das Gesamtteam. Es dient der Beratung aller die gesamte Organisation betreffenden grundsätzlichen Fragen und stellt sicher, dass alle Mitarbeiterinnen über die für ihre Tätigkeit erforderlichen Informationen verfügen. Alle speziellen Aufgabenbereiche sind klar benannt, Qualitätszirkel dienen der Weiterent-

Von der Konzeption zum Qualitätshandbuch

Ein Personalkonzept macht deshalb insbesondere Aussagen über
- die systematische Suche und Gewinnung von kompetentem Personal,
- die kontinuierliche Qualifikation des Personals,
- die Förderung der Arbeitszufriedenheit und der Motivation des Personals sowie
- die Bindung der Mitarbeiterinnen an die Einrichtung.

? Das Personalentwicklungskonzept
Im Personalentwicklungskonzept werden alle Maßnahmen dargestellt, die der Gewinnung, Qualifizierung, Motivation und Erhaltung der Arbeitskraft und -motivation der Mitarbeiterinnen einer Kindertageseinrichtung dienen.

Ein Personalkonzept – in vielen Einrichtungen nicht vorhanden
Meist findet sich in den Dienstordnungen der Kommunen oder Verbände geregelt, was der Träger von seinen Mitarbeiterinnen erwartet. Da diese Dienstordnungen jedoch für viele Kindertageseinrichtungen Gültigkeit haben und sehr allgemeine Aussagen enthalten, werden sie den Besonderheiten der einzelnen Einrichtung und damit auch dem speziellen Anforderungsprofil an die einzelne Mitarbeiterin nicht gerecht.

Instrumente der Personalentwicklung
Aus diesem Grunde gilt es heute verstärkt, Profilbeschreibungen zu entwickeln, um so eine verbindlichere Grundlage zu schaffen. Gleichzeitig entstehen Instrumente, mit denen sich die vielfältigen Aufgaben für die Mitarbeiterinnen konkretisieren und verbindlich machen lassen. Außerdem gilt es, Aussagen über die Art und Weise der Personalauswahl, der Sicherung einer schnellen und gründlichen Einarbeitung sowie über Formen des Austauschs zwischen Leiterin und Mitarbeiterin zu machen.
Wichtige Instrumente einer solchen Personalentwicklung können sein:
- die gezielte Feststellung des Fortbildungsbedarfs der Mitarbeiterin
- klare Ausschreibungsverfahren
- systematische Auswahlverfahren vor dem Hintergrund klarer Aufgaben- und Kompetenzprofile
- Förderung geeigneten einrichtungseigenen Nachwuchses für Leitungspositionen
- Förderung sozialer Kontakte zwischen den Mitarbeiterinnen
- regelmäßige öffentliche und interne Anerkennung der erbrachten Leistungen.

Für den allgemeinen Teil des Qualitätshandbuchs soll ein übergreifender Text formuliert werden, der deutlich macht, dass sich Träger und Leiterin wirklich intensiv um gute Mitarbeiterinnen bemühen.

Von der Konzeption zum Qualitätshandbuch

 Personalentwicklung und Qualifikation der Mitarbeiterinnen

Die Sicherung einer hohen Gesamtqualität des Kindergartens setzt in besonderem Maße die fachliche und persönliche Kompetenz aller Mitarbeiterinnen voraus. Qualifiziertes und motiviertes Personal ist die wichtigste Ressource und Voraussetzung für die pädagogische Arbeit. Zur Sicherstellung der Motivation der Mitarbeiterinnen sowie einer hohen fachlichen Qualität dienen insbesondere folgende Maßnahmen:

- Formulierung eines klaren Anforderungsprofils der einzelnen Funktionen
- gezielte Auswahl und Einarbeitung neuer Mitarbeiterinnen
- regelmäßige Fortbildung aller Mitarbeiterinnen
- kontinuierlicher Austausch im Team
- gemeinsame Unternehmungen und Feste
- aktive Teilnahme an Arbeitskreisen und Tagungen
- jährliche Mitarbeiterinnengespräche

Von der Konzeption zum Qualitätshandbuch

Alle weiteren Vorgaben oder Standards im Bereich der Personalentwicklung, über die Durchführung von Bewerbungsverfahren, die Organisation der Fortbildung etc. werden in Band II zusammengetragen. Beispiele dazu finden sich in Kapitel 4 im Muster-Qualitätshandbuch.

14. Ressourcenmanagement

Begriffsklärung

Unter dem Begriff »Ressource« versteht man im Allgemeinen »Mittel«, »Hilfsmittel« oder »Rohstoffe«, die es erlauben, eine bestimmte Tätigkeit oder Aufgabe auszuführen. Im Zusammenhang mit dem Management von Kindertageseinrichtungen kann man neben den zur Verfügung stehenden Geldmitteln (die zum Beispiel durch Spenden oder Sponsoringmaßnahmen vergrößert werden können) auch die Mitarbeiterinnen als Ressource bezeichnen (vgl. dazu Punkt 13, *Von der Teampflege zur systematischen Personalentwicklung,* Seite 65).

Aufgabe des Ressourcenmanagements ist es, die vorhandenen Mittel so einzusetzen, dass die gewünschten Aufgaben und Ziele wirtschaftlich umgesetzt werden können.

> **? Ressourcenmanagement gewährleistet wirtschaftlichen Einsatz der Mittel**
>
> Aussagen zum Ressourcenmanagement dienen der Klärung der Frage, wie insbesondere finanzielle Mittel eingesetzt und verwaltet werden, so dass ein optimales Kosten-Nutzen-Verhältnis entsteht.

Zum Ressourcenmanagement liegen in vielen Einrichtungen keine schriftlichen Aussagen vor. Meist sind die Wege informell vorgegeben. Die Mitarbeiterin, die etwas braucht, muss sich an die Leitung wenden, diese muss den Träger bzw. einen Beauftragten fragen. Bedauerlicherweise werden so nicht selten die Einrichtung schädigende Entscheidungen getroffen. Häufig haben zudem Erzieherinnen und Leiterinnen Vorbehalte gegenüber betriebswirtschaftlichem Denken. Sie befürchten, dass es dazu führen könnte, dass die pädagogischen Ideale auf der Strecke bleiben. Letztendlich kommt es zu vielen Problemen, insbesondere zu Lähmungen und zu Motivationsverlust seitens Leitung und Team.

Dagegen gilt heute: Betriebswirtschaftliches Denken richtet sich keineswegs gegen eine gute Pädagogik, sondern macht diese erst plan- und umsetzbar. Verfahren der Steuerung gehen heute davon aus, dass Leitung

Von der Konzeption zum Qualitätshandbuch

und Team viele Finanzentscheidungen selbstständig treffen können. Ein festgelegtes Budget sorgt dafür, dass ein Ausgabenrahmen eingehalten wird.

Träger und Leitung sollten sich deswegen im Rahmen der Entwicklung eines Qualitätshandbuchs auch über eine optimale Ressourcensteuerung verständigen. Grundsätzlich sollte gelten, dass Entscheidungen über Ausgaben da getroffen werden, wo dies sachlich am besten geschehen kann, wobei ein Budget dafür sorgt, dass niemand über den Rahmen hinausgeht.

Im allgemeinen Teil des Qualitätshandbuchs gilt es deshalb, einen Text zu entwickeln, der zeigt, wie in der betreffenden Einrichtung mit Geld umgegangen wird. Detailregelungen, falls erforderlich, finden sich in Band II unter den strukturellen Standards.

 Ressourcenmanagement

Der Träger stellt zu Beginn des Kalenderjahres der Leitung des Kindergartens ein festes Budget zur Verfügung. Am Ende des Jahres legt die Leitung dem Träger den Haushalt zur Prüfung vor. Nichtbeanspruchte Haushaltsmittel werden in den Haushalt des nächsten Jahres übertragen.

Die Leitung erstellt zu Beginn eines Kalenderjahres eine vorausschauende Planung. Preisvergleiche und Flexibilität beim Einsatz der finanziellen Mittel erlauben eine sparsame Haushaltsführung.

Der Bauhaushalt und finanzielle Mittel für Einrichtungsgegenstände werden von der Leitung für das jeweilige folgende Kalenderjahr beantragt. Der Träger informiert die Leitung über die Höhe der jeweils bewilligten Mittel und begründet seine Entscheidung.

Die Leitung organisiert einen optimalen Personaleinsatz und verantwortet den Dienstplan.

Kapitel 3
Wie man ein Qualitätsmanagementsystem aufbauen und pflegen kann

Das folgende Kapitel setzt sich mit Fragen auseinander, die in einem engen Zusammenhang mit der Entstehung und Entwicklung eines Qualitätshandbuchs stehen. Zunächst stellt sich die Frage nach der Form der Veröffentlichung (1.). Außerdem müssen sinnvolle Formen der zukünftigen Zusammenarbeit zwischen Träger und Team gefunden werden (2.). Dann geht es um die Bedeutung neuer Gremien für die Arbeit mit dem Qualitätshandbuch (3.) und um den Stellenwert der Fortbildung der Mitarbeiterinnen (4.). Und schließlich wird dargelegt, wie das entstandene System weiter gepflegt werden kann (5.) und was gegebenenfalls externe Berater dazu beitragen können, um es auf einem hohen Niveau zu halten (6.).

1. Veröffentlichen oder geheim halten? – Das Qualitätshandbuch im Rahmen der Öffentlichkeitsarbeit

Ähnlich wie bei der Konzeption stellt sich auch beim Qualitätshandbuch die Frage, ob, und wenn ja in welcher Form es der Öffentlichkeit zugänglich gemacht werden soll. Grundsätzlich gilt hier: Das Qualitätshandbuch ist ein Vorgabedokument für die Leiterin und die Mitarbeiterinnen und sollte in einer klar strukturierten Form (Ordner) jedem zugänglich gemacht werden. An Außenstehende sollte ein Einblick nur in solche Elemente ermöglicht werden, die für sie von Interesse sind und zu einem besseren Verständnis der Einrichtung und ihrer Arbeit beitragen. Alle Teile, die eher interne Fragen berühren oder die als Betriebsgeheimnisse bewertet werden, sollten der Öffentlichkeit nicht zugänglich gemacht werden. Wichtig ist, dass alle Mitarbeiterinnen wissen, welche Teile nach außen weitergegeben werden können und welche in der Einrichtung verbleiben müssen.

Drei Formen der Veröffentlichung lassen sich unterscheiden:

Wie man ein Qualitätsmanagementsystem aufbauen und pflegen kann

(1) Der allgemeine Teil des Qualitätshandbuches als freundliche und erweiterte Konzeptionsbroschüre

Ähnlich wie bei der Konzeptionsschrift kann ein Team daran gehen, eine öffentlichkeitsfreundliche Aufarbeitung des allgemeinen Teils des Qualitätshandbuches anzufertigen. Dieses wird dann nach außen (umsonst oder gegen eine Gebühr) weitergegeben, alle internen Teile verbleiben in der Einrichtung.

Eine solche Darstellung des Qualitätshandbuches muss nicht den etwas formalen Titel »Qualitätshandbuch« tragen, man kann aber in der Einleitung darauf hinweisen, dass die Veröffentlichung die wesentlichen Teile dieses Buches enthält. Genauso können die etwas sperrigen Begriffe wie Qualitätspolitik, Prozesslenkung etc. in ansprechendere (wie zum Beispiel »Was wir Ihnen versprechen«, »Wie wir planen und arbei-

ten«) umgewandelt werden. Natürlich sollte die Darstellung mit Bildern und Grafiken versehen werden, damit eine attraktive Broschüre entsteht. Hier ist Kreativität gefragt! Diese Vorgehensweise ist natürlich sehr aufwändig, aber die Mühe wird durch den Erfolg belohnt.

(2) Der allgemeine Teil des Qualitätshandbuchs (neben anderen Darstellungen) als eigene Broschüre

Besitzen Einrichtungen bereits eine knappe, originell und lesefreundlich gestaltete Konzeptionsbroschüre oder einen Flyer, der die Einrichtung attraktiv präsentiert, so ist es auch möglich, den allgemeinen Teil des Qualitätshandbuchs als eigene, nicht weiter gestaltete Broschüre anzulegen. In diesem Falle sollte man die Texte ansprechend formatieren und mittels verschiedener Schriften etc. ein ansprechendes Arrangement gestalten. Diese Schrift muss nicht an alle Eltern verteilt werden, es genügt, wenn sie den besonders Interessierten zugänglich gemacht wird und alle anderen vom Vorhandensein der Broschüre wissen. Der Vorteil dieser Form der Veröffentlichung ist, dass sie sehr billig und ohne großen Aufwand hergestellt und durch weiteres Kopieren beliebig vervielfältigt werden kann.

(3) Die Weitergabe interner Unterlagen an Externe nach Absprache

Bezüglich der Präsentation der Einrichtung in der Fachöffentlichkeit kann vereinbart werden, dass einzelne Teile oder Formulare aus den Anhängen auch interessierten Kolleginnen, Fachschulen etc. ausgehändigt werden dürfen. Eine Weitergabe des gesamten Qualitätshandbuches empfiehlt sich nicht, schließlich handelt es sich hier um interne Vereinbarungen!

2. Unterschiedliche Managementebenen regeln die Verantwortlichkeiten

Aufbau und Pflege eines Qualitätsmanagementsystems scheinen zunächst aufwändig und kompliziert, müssen es jedoch nicht sein, wenn man die verschiedenen Aufgabenbereiche und Verantwortlichkeiten benennt, die die Beteiligten sowohl im Aufbau- als auch im Umsetzungsprozess bewusst einnehmen sollten.

Grundsätzlich kann zwischen den Ebenen des normativen, des strategischen und des operativen Managements unterschieden werden (Heinz 2000, S. 11 ff.)

Wie man ein Qualitätsmanagementsystem aufbauen und pflegen kann

Die Ebene des **normativen Managements** beschäftigt sich mit den generellen Zielen der Einrichtung, mit Prinzipien, Normen und Spielregeln, die darauf ausgerichtet sind, die Entwicklungsfähigkeit der Organisation zu ermöglichen. Dies sind insbesondere
- das Leitbild der Organisation,
- die Unternehmenskultur, das heißt die Spielregeln, nach denen die Organisation vorgeht (übergreifende Prinzipien),
- das Personalentwicklungskonzept, das Aussagen über die Anforderungen an das Personal sowie über die Prozesse der Einarbeitung, Fortbildung etc. macht,
- das Budgetierungskonzept, das den finanziellen Rahmen und das Budgetierungsverfahren vorgibt,
- die Vorgaben für das Qualitätsmanagementsystem sowie

- wichtige Verfahren zur Überprüfung des Unternehmenserfolges wie z.B. die Durchführung von Zielvereinbarungsgesprächen und Controllingverfahren.

Die Ebene des **strategischen Managements** beschäftigt sich mit konzeptionellen Fragestellungen, mit strategischen Zielpositionen, mit Chancen und Risiken, Stärken und Schwächen der Organisation. Hier werden ständig neue Perspektiven für eine Einrichtung entwickelt und umgesetzt. Dabei bestehen die Aufgaben des strategischen Managements insbesondere
- in der Entwicklung von Visionen und Zukunftsperspektiven der Organisation,
- in der Führung des Teams, so dass Motivation und Eigenverantwortlichkeit aller Mitarbeiterinnen gefördert werden,
- im Aufbau und der Pflege einer effizienten und klaren Organisationsstruktur,
- in der Führung des Personals, d.h. der einzelnen Mitarbeiterinnen sowie
- im Schaffen einer Arbeitsatmosphäre, in der das Team bereit ist zu lernen.

Die Ebene des **operativen Managements** befasst sich mit der Umsetzung der normativen und strategischen Vorgaben in klare Ziele, Leistungen und mit der Überprüfung der Ergebnisse (Wirkungen) und dem Ressourcenverbrauch. Aufgaben des operativen Managements sind insbesondere

Wie man ein Qualitätsmanagementsystem aufbauen und pflegen kann

- die Optimierung der von der Organisation angebotenen Dienstleistungen,
- die Entwicklung von Prozessstandards und deren Umsetzung im täglichen Alltag,
- die Umsetzung einer optimalen Kommunikation,
- das Kostenmanagement,
- die regelmäßige Evaluation der erbrachten Leistungen sowie
- ihre kontinuierliche Verbesserung.

Es wäre zu einfach, die drei Ebenen direkt dem Träger, der Leitung und dem Team einer Organisation zuzuordnen. Denn in jedem Unternehmen – im wirtschaftlichen wie im sozialen Bereich – kommt es darauf an, dass jede Mitarbeiterin nicht nur handlungsorientiert denkt, sondern auch strategische Fragen reflektiert und sich mit normativen Vorgaben innerhalb der Einrichtung auseinander setzt. Die Beteiligung aller Ebenen am Reflexions- und Entscheidungsprozess ist deshalb so wichtig, weil dadurch die Motivation aller Beteiligten wesentlich gesteigert werden kann. Nur wer als Mitarbeiterin tatsächlich beteiligt wird, kann sich mit der Organisation identifizieren und sich für deren Wohl engagiert einsetzen. Eine Organisation kann nur dann wirklich erfolgreich sein, wenn es gelingt, jede Mitarbeiterin zu »unternehmerischem« Denken und Handeln zu motivieren.

Deshalb wurde bereits im Rahmen der Entwicklung der Organisationsphilosophie vorgeschlagen, die Mitarbeiterinnen bereits bei normativen Fragen – wie zum Beispiel der Erstellung eines Leitbildes – oder bei der Gestaltung der Organisationskultur, die dann sehr deutlich im Personalentwicklungskonzept zum Ausdruck kommt, aktiv zu beteiligen. In Arbeitsgruppen, in denen sowohl der Träger, die Leiterin als auch die Mitarbeiterinnen vertreten sind, sollten solche für die Organisation wichtigen Entscheidungen vorbereitet werden. Auch die Leiterin wird ihre strategischen Entscheidungen (zum Beispiel bezüglich der auszuwählenden Zielgruppen, bezüglich einer Profilbildung etc.) nicht alleine, sondern mit den Mitarbeiterinnen und dem Träger gemeinsam treffen. Die »gute« Leiterin und der »gute« Träger werden sich auf der konkreten Handlungsebene immer wieder engagiert einbringen und dieses Geschäft nicht den Mitarbeiterinnen überlassen.

Was mit der Unterscheidung der drei Ebenen vor allem zum Ausdruck kommen soll, ist die Klarheit darüber, wer für einzelne Fragestellungen die Letztverantwortung trägt. Niemand kann dem Träger die Letztentscheidung zum Beispiel über das Leitbild, die einzuschlagende Qualitätspolitik und das Personalentwicklungskonzept abnehmen, aber auch die Leiterin und die Mitarbeiterinnen

Wie man ein Qualitätsmanagementsystem aufbauen und pflegen kann

können sich ihrer Letztverantwortung für ihre Verantwortungsbereiche nicht entziehen. Im Gegenteil – das gesamte System basiert gerade auf der Voraussetzung, dass einerseits jede Mitarbeiterin so viele Befugnisse wie möglich übertragen bekommt und dass sie dann für diese Bereiche die volle Verantwortung übernimmt.

3. Alte und neue Gremien erleichtern den Aufbau und die Pflege des Systems

Um eine optimale Abstimmung zwischen und innerhalb der einzelnen Managementebenen zu erreichen, bietet sich der Aufbau verschiedener Gremien an, die, auf Dauer installiert, den ständigen Informationsfluss zwischen allen Beteiligten sichern und mög-

Wie man ein Qualitätsmanagementsystem aufbauen und pflegen kann

lichst viele Entscheidungen auf eine breite Basis stellen können.

Träger-Leiterin-Besprechungen

Ein solches Gremium dient dazu, grundlegende Entscheidungen des Trägers vorzubereiten. Deshalb sollte es vom Träger vor allem dazu genutzt werden, sich einen Teil des fachlichen Wissens, das für die jeweilige Entscheidung erforderlich ist, zu Eigen zu machen und sich mit der Leiterin über strategische Überlegungen auseinander zu setzen. Die Leiterin sollte es ihrerseits dazu nutzen, wichtige grundsätzliche Entwicklungen zu präsentieren und zu diskutieren. Solche Besprechungen müssen im Übrigen regelmäßig angesetzt werden, auch wenn kein dringender Grund vorhanden ist. Denn es geht ja hier um eine kontinuierliche Auseinandersetzung mit der Gesamtsituation der Einrichtung. Werden einmal rasche Entscheidungen erforderlich, können diese nur vor dem Hintergrund eines umfassenden Informations- und Reflexionsstandes insbesondere des Trägers sinnvoll getroffen werden.

Jährliche Zielvereinbarungsgespräche zwischen Träger und Leiterin

Zielvereinbarungsgespräche sind ein weiteres mögliches Führungsinstrument des Trägers. Zielvereinbarungsgespräche werden regelmäßig (einmal jährlich), unabhängig vom Auftreten aktueller Probleme durchgeführt. Sie sind keine Anlassgespräche, sondern dienen der Entwicklung und Überprüfung von Zielperspektiven zur Weiterentwicklung der Einrichtung, des Teams und der Zusammenarbeit zwischen Träger und Leiterin. Grundsätzlich wird dabei von der Gleichwertigkeit zwischen Träger und Leiterin ausgegangen. Wichtige Grundhaltungen für das Gelingen eines Zielvereinbarungsgesprächs sind gegenseitige Akzeptanz, Offenheit und Vertrauen, Sachlichkeit und Verbindlichkeit der Absprache. Zielvereinbarungsgespräche dienen der langfristigen und vorausschauenden Steuerung. Sie bilden die Grundlage für gegenseitiges Verständnis und eine vertrauensvolle Zusammenarbeit zwischen Träger und Leiterin.

Qualitätszirkel zur Weiterentwicklung qualitativer Standards

Unter Qualitätszirkel versteht man Arbeitsgruppen, in denen sich Mitarbeiterinnen zeitlich begrenzt mit Fragen der Qualität wichtiger Arbeitsprozesse auseinander setzen, um Verbesserungen zu erreichen. Grundsätzlich kann jede Mitarbeiterin in einem Qualitätszirkel mitarbeiten, von Vorteil sind aber in jedem Fall Freiwilligkeit und Interesse an der Fragestellung. Ein Qualitätszirkel sollte zwischen zwei und fünf Mitglieder umfassen und seine Arbeit weitgehend selbstständig durchführen. Folgende Arbeitsschritte erweisen sich dabei als sinnvoll:

Wie man ein Qualitätsmanagementsystem aufbauen und pflegen kann

Schritte im Qualitätszirkel

Bildung des Qualitätszirkels:
Entscheidungen bezüglich der Anzahl der Mitglieder, der Moderatorin etc. stehen an.

Aufgabendefinition:
Hier geht es darum, genau abzuklären, was die einzelnen Mitglieder unter dem Thema verstehen, und darüber zu entscheiden, worum es im Qualitätszirkel genau gehen soll.

Sachanalyse:
Informationen werden gesammelt, wobei sowohl der Kenntnisstand der Mitglieder als auch Fachwissen aus Büchern etc. herangezogen wird. Zusätzlich kann die Beratung durch externe Expert/-innen genutzt werden.

Zwischenergebnis:
Ein Ergebnis wird formuliert, diskutiert und dann verabschiedet.

Rückkoppelung mit dem Gesamtteam:
Das Ergebnis wird dem Gesamtteam vorgestellt. Weitere Anregungen und Hinweise werden aufgenommen, etwaige Korrekturen durchgeführt. Eventuell erfolgt eine erneute Diskussion im Gesamtteam.

Abschluss:
Mit der Annahme des Ergebnisses im Gesamtteam endet die Arbeit des Qualitätszirkels.

Bei der Durchführung eines Qualitätszirkel muss man besonders darauf achten, dass die Orientierung an einer hohen Qualität fest im Bewusstsein der Mitglieder verankert ist. Die Ergebnisse eines Qualitätszirkel müssen dazu beitragen, dass ein neues Qualitätsbewusstsein im Team entsteht. Wenn dies nicht der Fall ist, war die Arbeit weitgehend umsonst.

Weitere Arbeitsgruppen zur Lösung struktureller Fragen

Während die Arbeit im Qualitätszirkel ausschließlich von den Mitarbeiterinnen durchgeführt wird, kommt in Arbeitsgruppen zur Lösung struktureller Fragen der Beteiligung des Trägers oder eines Trägervertreters eine wichtige Rolle zu. Hier, wo es zum Beispiel um Fragen der Personalentwicklung, um Stellenausschreibungen, um Befugnisse und Verantwortlichkeiten geht, sollte ein Team von Anfang an den Träger bzw. dessen Vertreter/-in in die Diskussion mit einbeziehen. Fehlt die Abstimmung mit dem Träger, so kann dies später dazu führen, dass die gesamte Arbeit der Gruppe umsonst war. Die einzelnen Arbeitsschritte entsprechen dabei weitgehend dem Schema des Qualitätszirkels (siehe Kasten) mit Ausnahme der Tatsache, dass die Arbeitsergebnisse dem Gesamtteam nur zur Beratung, letztendlich aber dem Träger zur Verabschiedung vorgelegt werden.

Wie man ein Qualitätsmanagementsystem aufbauen und pflegen kann

4. **Mitarbeiterinnenschulung während des Aufbauprozesses stärkt Kompetenzen und sichert die Motivation**

Beabsichtigt eine Einrichtung, den Weg von der Konzeption zum Qualitätshandbuch zu vollziehen, so wartet nicht nur eine Menge Arbeit auf den Träger, die Mitarbeiterinnen und die Leiterin. Gleichzeitig entsteht ein zusätzlicher Fortbildungsbedarf, da damit gerechnet werden muss, dass viele Mitarbeiterinnen mit den neuen Begriffen zunächst noch wenig anfangen können. Daher ist es unbedingt notwendig, zusätzliche Fortbildungsangebote vorzuhalten, so dass alle die Möglichkeit haben, sich über den gesamten Prozess der Organisationsentwicklung umfassend zu informieren und zu orientieren. Folgende wichtige Themen sollten in einer Teamfortbildungsveranstaltung angesprochen werden:
- Gesellschaftliche Veränderungen, die zur Forderung nach Dienstleistungsorientierung im sozialen Bereich führen.
- Die Debatte um die Qualitätsentwicklung im Bereich der Kindertageseinrichtungen.
- Grundgedanken und Aufbau von Qualitätsmanagementsystemen.
- Kenntnisse von Methoden der Organisationsentwicklung (zum Beispiel Situationsanalyse, Workshop, Feedbackverfahren etc.).
- Auseinandersetzung mit den Veränderungen in der eigenen beruflichen Rolle.

5. **Die kontinuierliche Systempflege schützt das System vor Verkrustung**

Da sich die Umweltbedingungen von Kindertageseinrichtungen permanent ändern, muss eine Einrichtung Veränderungen auf gesellschaftlicher Ebene oder im Bereich der Interessenpartner der Einrichtung ständig wahrnehmen und bearbeiten.
Dazu müssen Instrumente zur Erkennung und Umsetzung von Veränderungsbedarf entwickelt und regelmäßig eingesetzt werden. Sind solche Instrumente im Rahmen der Ergebnismessung bzw. des Evaluationssystems bereits vorhanden, kann auf sie zurückgegriffen werden. Die wichtigsten davon sind:

Bezüglich der Erhebung von Erwartungen der Interessenpartner:
- regelmäßige Elternbefragungen,
- genaue Beobachtung der Kinder bezüglich zukünftiger Erwartungen und Bedürfnisse,
- regelmäßiger Dialog mit dem Träger.

Bezüglich der Erstellung von Situationsanalysen:
- Wahrnehmung von und (falls möglich) Beteiligung an Maßnahmen zur Sozialplanung (zum Beispiel Kinder- und Jugendhilfeplanung),
- frühzeitige Information über städtische Baumaßnahmen und Entwicklungen,
- Beteiligung an Stadtteilkonferenzen und regionalem fachlichem Austausch.

Bezüglich der Möglichkeiten zu fachwissenschaftlichem Austausch:
- Teilnahme an Fachkonferenzen und Tagungen,
- Lektüre einschlägiger Studien über gesellschaftliche Entwicklungen, insbesondere im Bereich Familie, Frauen und Kinder,
- regelmäßiger Austausch mit externen Berater/-innen, zum Beispiel der Fachberatung,
- Lektüre neuerer einschlägiger Fachliteratur.

Bezüglich der Pflege des Managementsystems:
Regelmäßige Überprüfungen im Sinne einer Managementbewertung sind Pflichtaufgabe innerhalb eines Qualitätsmanagementsystems. Die Verantwortung für diese Aufgabe liegt gemäß der DIN EN ISO 9000:2000 ff. bei der Leitung. In größeren Organisationen empfiehlt es sich, zur Durchführung dieser Aufgabe interne Qualitätsbeauftragte zu bestimmen. Deren Aufgabe ist es, die Ergebnisse der Befragungen und Erhebungen bzw. des fachwissenschaftlichen Austausches auf Übereinstimmung mit dem Qualitätsmanagementsystem, der Qualitätspolitik, den Zielen und der damit im Zusammenhang stehenden Dienstleistung hin zu überprüfen. Bei Anzeichen von Abweichungen im Sinne eines Nichterreichens der Ziele sind rechtzeitig entsprechende Korrektur- und Vorbeugemaßnahmen einzuleiten und deren Umsetzung konsequent zu verfolgen.

6. Externe Beratung hilft, die blinden Flecken zu erkennen

Auch in sehr guten Einrichtungen wird die Pflege eines Qualitätsmanagementsystems nicht ohne fremde Hilfe gelingen. Denn auch hier gilt: »Man kann nur sehen, was man sehen kann!« Wer also mehr sehen will, braucht Externe, die ihm ihre Sicht der Dinge vermitteln. Hier kann nur die Fachberatung oder eine andere externe Beratung dazu beitragen, die Arbeit der Kindertageseinrichtung dauerhaft auf fachlich hohem Niveau sicher zu stellen. Die Fachberatung kann in vier Bereichen eingesetzt werden:

Wie man ein Qualitätsmanagementsystem aufbauen und pflegen kann

(1) Initiieren von Veränderungsprozessen und aktive Mitwirkung der Fachberatung an Zielvereinbarungsgesprächen zwischen Träger und Leitung

In einmal jährlich stattfindenden Zielvereinbarungsgesprächen zwischen Träger und Leitung werden die zentralen Aspekte einer Gesamtqualität der Kindertageseinrichtung systematisch durchleuchtet und gemeinsam Ziele zu ihrer Weiterentwicklung festgelegt. In diesen Gesprächen übernimmt die Fachberatung eine fachlich beratende Funktion und achtet insbesondere darauf, dass alle wichtigen Aspekte der Gesamtqualität der Kindertageseinrichtung erörtert werden. In einem Protokoll werden die gemeinsam vereinbarten Ziele festgehalten.

Wie man ein Qualitätsmanagementsystem aufbauen und pflegen kann

(2) Unterstützung bei der Maßnahmenplanung zur Realisierung vereinbarter Ziele

In einem Raster zur Maßnahmenplanung erarbeitet die Leiterin mit ihrem Team geeignete Schritte zur Verwirklichung der Ziele. Sie legt den zeitlichen Ablauf sowie die jeweiligen Zuständigkeiten fest. Je nach Bedarf wird bei der Entwicklung der Maßnahmenplanung die Fachberatung hinzugezogen. Dabei wird ebenfalls geklärt, bei welchen Maßnahmen Leistungen der Fachberatung in Anspruch genommen werden sollen und können.

(3) Vermittlung von Hilfen bei der Umsetzung

Auf der Grundlage der zuvor entwickelten Maßnahmenplanung bietet die Fachberatung konkrete Hilfen zu deren Umsetzung an und sichert so eine erfolgreiche Zielerreichung. Abhängig vom benannten Ziel sind diese Hilfen individuell auf die Bedürfnisse der Kindertageseinrichtung abzustimmen. Mögliche Grundleistungen der Fachberatung im Rahmen einer Maßnahmenplanung können sein:

- Aufbereiten und Bereitstellen von aktuellen Informationen und rechtlichen Grundlagen
- Beratung und Begleitung bei Veränderungsprozessen
- Mithilfe bei der Planung von erforderlichen Schulungsmaßnahmen
- Stellungnahme zu konzeptionellen oder baulichen Veränderungen
- Weitergabe von Fachliteratur
- Kontaktvermittlung zu fachspezifischen Beratungsdiensten (zum Beispiel Erziehungsberatung, Supervision)
- Vernetzung mit anderen Institutionen
- Beratung bei Zwischenbilanzierungen und bei der Entwicklung kontinuierlicher Verbesserungsmaßnahmen
- Beratung im Rahmen der Auswertung der Ergebnisse und deren Sicherstellung durch die Entwicklung von Standards

(4) Überprüfung der erzielten Ergebnisse sowie deren langfristige Sicherung und Weiterentwicklung (Einführung des kontinuierlichen Wandels)

Veränderungsprozesse entwickeln sich nicht von selbst. Sie müssen aktiv initiiert werden. Eine Gefahr aller Organisationen besteht bekanntermaßen in dem Bedürfnis, den »Schatz des Bewährten« zu hüten. »Warum sollen wir etwas ändern, wenn doch alles gut läuft?« Die zentrale Aufgabe von Fachberatung ist es hier, Entwicklungen frühzeitig zu erkennen und gemeinsam mit Träger und Leiterin darauf Antworten zu suchen. »Nichts ist beständiger als die permanente Veränderung!« Bereits heute ist die Frage zu stellen, was morgen notwendig sein

Wie man ein Qualitätsmanagementsystem aufbauen und pflegen kann

wird. Das heißt nicht, bewährte Elemente einfach über Bord zu werfen, nur um Neuem Platz zu machen. Wichtig ist es jedoch, die Schwachpunkte der Organisation herauszufiltern, die sich auf Dauer für die Einrichtung lähmend auswirken werden.

Veränderung beginnt zunächst von innen. Wer darauf wartet, bis der Druck nach Veränderung von außen kommt, muss reagieren und ist damit in einer ungleich schwierigeren Situation. Träger und Einrichtung sind gleichermaßen aufgefordert, ihre Einrichtung regelmäßig einer kritischen Überprüfung zu unterziehen.

Kapitel 4
Wie ein Qualitätshandbuch ganz konkret aussehen kann: Das Muster-Qualitätshandbuch

Ein Muster – muss das sein?

Es sei an dieser Stelle zunächst Zweifel am Sinn eines beispielhaften Muster-Qualitätshandbuchs geäußert. Zum einen besteht die Gefahr, dass es einfach übernommen wird, ohne dass die notwendige Adaptionsleistung an die eigene Situation vollzogen wird. Zum anderen kann ein solches Musterhandbuch nie alle Fragen befriedigend lösen und bleibt insofern lückenhaft. Doch gibt es auch eine Reihe guter Gründe, die für eine solche Darstellung sprechen. Ein Musterhandbuch bietet die Chance,
- die Art und Weise, wie ein Qualitätshandbuch aufgebaut und ausformuliert werden kann, kennen zu lernen,
- einen detaillierten Einblick in mögliche Grundsysteme der Dokumentation, der Evaluation, des Aufbaus von einrichtungseigenen Qualitätsstandards und der Formulierung struktureller Vorgaben vornehmen zu können,
- wirklich selbstständig und ohne fremde Hilfe ein eigenes Qualitätshandbuch entwerfen zu können.

Die im Folgenden dargestellten Aussagen, Standards und Dokumentvorlagen erheben keinen Anspruch auf Vollständigkeit. Sie sind laufenden Projekten entnommen und sollen lediglich einen Einblick in die Konstruktion der einzelnen Aspekte eines Qualitätshandbuchs geben. Auf den Einbau von Grafiken wurde dabei aus Platzgründen verzichtet. Sicher werden die an einer hohen Qualität interessierten Leserinnen alle hier vorgelegten Muster kritisch prüfen und nur zu einem geringen Teil übernehmen, zu einem anderen, größeren Teil aber werden sie die Vorlagen an ihre Verhältnisse anpassen oder ganz neue entwerfen.

Die im Muster-Qualitätshandbuch Band II dargestellten pädagogischen Qualitätsstandards (Seite 97ff) umfassen aus Platzgründen nur solche, denen aus fachlichen Gründen eine herausragende Bedeutung für die Gesamtqualität einer Kindertageseinrichtung zukommt (Clarke-Stewart 1998).
Es ist dies
- der »physische« Kontext im Sinne von Raumgestaltung und Materialauswahl,

Das Muster-Qualitätshandbuch

- das Curriculum, unter dem wir Elemente wie Freispiel, Angebote, Projekte und schulvorbereitende Maßnahmen verstehen können,
- das Verhalten der Fachkräfte sowie
- die verschiedenen Formen der Elternarbeit.

Auf eine beispielhafte Darstellung möglicher Inhalte in Bezug auf Band III (Rechtliche Vorgaben und Sozialdaten) wurde aufgrund der vielfältigen länder- und einrichtungsspezifischen Besonderheiten verzichtet.

Das MUSTER Qualitätshandbuch

Qualitätshandbuch Band I
- Trägerleitbild
- Selbstverständnis
- Qualitätspolitik
- Leistungsangebot
- Profil
- Ziele
- Leistungen
- Kernprozess
- Evaluationsverfahren
- Dokumentationssystem
- Organisation
- Personalentwicklung
- Ressourcenmanagement

Qualitätshandbuch Band II
- Pädagogische Qualitätsstandards
- Strukturelle Standards und Vorgaben
- Evaluationsverfahren
- Dokumentationssystem

Qualitätshandbuch Band III
- Rechtliche Vorgaben
- Situationsanalysen
- Sozialdaten

Qualitätshandbuch
Band I

Qualitätshandbuch Band I
Trägerleitbild
Selbstverständnis
○ Qualitätspolitik
Leistungsangebot
Profil
Ziele
Leistungen
Kernprozess
Evaluationsverfahren
Dokumentationssystem
○ Organisation
Personalentwicklung
Ressourcenmanagement

 Trägerleitbild

Aus seiner Verantwortung für die Gesellschaft und insbesondere für die Familien und Kinder heraus stellt der Träger des Kindergartens allen Eltern, die dies wünschen, ein hochwertiges kind- und familienorientiertes Angebot zur Bildung, Erziehung und Betreuung von Kindern aller Altersstufen zur Verfügung.

Dieses Angebot orientiert sich insbesondere
- am Betreuungsbedarf der Familien, insbesondere der Mütter,
- an den sich stets wandelnden Anforderungen an eine zukunftfähige Bildung und Erziehung,
- an hohen pädagogischen Qualitätsstandards

und soll vor allem dazu beitragen, unsere Stadt lebenswerter zu machen und die Entwicklung sozialer Gerechtigkeit und Fairness in der Gesellschaft zu ermöglichen.

Um die Umsetzung dieser Zielvorgaben sicher stellen zu können, stellt der Träger angemessene Rahmenbedingungen und Ressourcen zur Verfügung und schafft alle Voraussetzungen, dass Leitung und Mitarbeiterinnen motiviert und engagiert arbeiten können. Die Entwicklung und Pflege einer gemeinsamen Kultur sind selbstverständlich.

⌂ Unser Teamselbstverständnis

Wir, die Mitarbeiterinnen des Kindergartens, verstehen uns als moderne, sich ständig weiterbildende Fachkräfte für Erziehung, die den Kindern ein optimales Bildungs-, Erziehungs- und Betreuungsangebot bieten und die bereit sind, Eltern und Kinder optimal zu unterstützen und zu fördern.

Aufgeschlossenheit für die Wünsche und die Orientierung am Bedarf der Eltern und Kinder sind für uns selbstverständlich. Anregungen werden von uns jederzeit aufgenommen. Der persönliche Kontakt zu den Eltern wird von uns gesucht und gepflegt.

Unsere Arbeit zeichnet sich insbesondere durch Transparenz aus. Unser Team ist offen und kompetent und arbeitet solidarisch und engagiert mit den Eltern bei der Erziehung der Kinder zusammen.

⌂ Unsere Qualitätspolitik

Träger und Team des Kindergartens verpflichten sich zur ständigen Überprüfung und Weiterentwicklung des Gesamtangebots und dessen kontinuierlicher Anpassung an den vorhandenen Bedarf mit dem Ziel, adäquat und zeitnah auf veränderte Anforderungen zu reagieren.

Das Qualitätsmanagementsystem orientiert sich an den Anforderungen der internationalen Norm für Qualitätsmanagementsysteme DIN EN ISO 9000:2000ff.

Der Träger legt die Qualitätspolitik und die übergreifenden Ziele der Einrichtung fest, der Leitung obliegt die Letztverantwortung für Umsetzung, Aufrechterhaltung, Überprüfung und Weiterentwicklung des Qualitätsmanagementsystems und für das Erreichen der Qualitätsziele der Einrichtung.

Zur Aufrechterhaltung des ständigen Verbesserungsprozesses werden zwischen Träger und Leitung jährliche Qualitätsziele vereinbart. Diese Ziele sind messbar, stehen mit der Qualitätspolitik und den konzeptionellen Zielen in Einklang und berücksichtigen fachliche Anforderungen. Für das Erreichen der Qualitätsziele ist die Leitung der Einrichtung verantwortlich. Der Träger stellt angemessene Mittel dafür zur Verfügung.

Alle Mitarbeiterinnen sind aktiv am ständigen Verbesserungsprozess beteiligt und tragen Verantwortung für die Umsetzung der jeweiligen Ziele in ihrem Arbeitsbereich.

⌂ Unser Dienstleistungsangebot

Unser Kindergarten bietet insgesamt Platz für (...) Kinder. Insgesamt arbeiten (...) Mitarbeiterinnen in (...) Gruppen. Unser Raumangebot umfasst (...) Gruppen- und (...) Nebenräume.

Die Öffnungszeiten werden regelmäßig am Bedarf überprüft und flexibel festgelegt. Für Kinder, die ganztägig in der Einrichtung verweilen, bieten wir eine gesundes Mittagessen.

In unserem Kindergarten haben die Kinder die Möglichkeit, in allen Räumen zu spielen und zu lernen. Unser Garten bietet vielfältige Möglichkeiten zum Spiel im Freien und wird von uns täglich genutzt.

Unsere Mahlzeiten sind kindgerecht. Unsere eigene Küche verwendet vorwiegend Produkte aus der Region und aus naturnahem Anbau.

Zusätzlich zum Regelangebot bieten wir am Nachmittag vielfältige Angebote, teilweise in Zusammenarbeit mit der Volkshochschule. Außerdem organisieren wir auf Wunsch im Haus die Maßnahmen zur Frühförderung in Zusammenarbeit mit der Frühförderstelle.

⌂ Unser pädagogisches Profil

Aufgrund unserer Lage in der Innenstadt kommt allen Aktivitäten, die den Kindern helfen, sich in einem städtischen Zentrum kompetent und sicher zu bewegen, eine besonders wichtige Funktion zu. Regelmäßig gehen wir deshalb mit den Kindern zum Einkaufen, in Museen und ins Theater sowie zu den städtischen Ämtern. Wir nehmen die vielfältigen Gelegenheiten wahr, die unsere Stadt bietet, und arbeiten sehr intensiv mit anderen städtischen Einrichtungen wie der Volkshochschule, dem Altenheim sowie dem Jugendzentrum zusammen. So wollen wir dazu beitragen, unsere Stadt lebenswert und einladend zu gestalten.

In unserer pädagogischen Arbeit orientieren wir uns am Situationsansatz. Kinder sollen bei uns Kompetenzen in und für Lebenssituationen erwerben. Projektarbeit und der offene Austausch im Rahmen von Kinderkonferenzen nehmen bei uns im Alltag einen wichtigen Platz ein.

⌂ Unsere pädagogischen Ziele

Die Kinder kommen gerne in den Kindergarten und fühlen sich in der Gemeinschaft wohl.

Sie entwickeln zunehmend Selbstständigkeit und eine eigenverantwortliche Persönlichkeit.

Die Kinder beteiligen sich aktiv am Bildungsprozess und entfalten vielfältige Fähigkeiten und Fertigkeiten.

Sie nehmen ihre Umwelt bewusst wahr und entwickeln Kompetenz in Lebenssituationen.

⌂ Unsere pädagogischen Leistungen

Ein *abwechslungsreicher Tagesablauf* sorgt dafür, dass die Kinder gerne in die Einrichtung kommen und Abwechslung und Kurzweil erleben.

Eine *anregungsreiche Raumgestaltung* und eine *vielfältige Materialauswahl* regen die Kinder zu Eigenaktivitäten und Selbstlernprozessen an.

Vielfältige Möglichkeiten zum *Freispiel* erlauben abwechslungsreiche Spiel- und Lernformen mit oder ohne Partner.

Gesunde Mahlzeiten tragen zum Wohlbefinden in der Einrichtung bei und fördern die Gesundheit aller Kinder.

Angenehm gestaltete *Bring- und Abholsituationen* erleichtern den Übergang der Kinder in den Kindergarten und unterstützen ein vertrauensvolle Verhältnis von Erzieherinnen und Eltern.

Ein förderliches *Erzieherinnenverhalten* vermittelt den Kindern Sicherheit und Wärme und lässt sie frei werden für vielfältige Spiel- und Lernsituationen. *Tägliche Kleingruppenangebote* und *Projektarbeit*, die sich an aktuellen Themen und an den Interessen der Kinder orientieren, erlauben gezielte Lern- und Fördermaßnahmen.

Regelmäßige Gesamtgruppenaktivitäten lassen ein Gefühl der Gemeinschaft entstehen und fördern das Wohlbefinden im Haus.

Mit den Kindern vorbesprochene *Exkursionen* in die Stadt und in die nähere Umgebung tragen zur räumlichen Orientierung bei und geben Sicherheit. Wöchentlich stattfindende *Kinderkonferenzen* fördern Selbstwertgefühl und Autonomie der Kinder und erlauben die Mitverantwortung aller für den Kindergarten.

Gemeinsame Feste und Feiern unterstützen eine gemeinsame Einrichtungskultur und verstärken das Zusammengehörigkeitsgefühl.

Gezielte Maßnahmen zur Förderung einzelner Kinder dienen der zusätzlichen Unterstützung bei besonderen Problemen.

 Unsere Ziele für die Zusammenarbeit mit den Eltern

Die Eltern sind umfassend über die Entwicklung ihres Kindes und die Arbeit im Kindergarten informiert.

Sie fühlen sich in ihrer Erziehungsaufgabe nachhaltig unterstützt.

Die Eltern nehmen auf freiwilliger Grundlage aktiv am Geschehen in der Tageseinrichtung teil.

Unsere Leistungen im Rahmen der Zusammenarbeit mit den Eltern

Ein jährlich mindestens einmal stattfindendes *Elterngespräch* dient dem gemeinsamen Austausch und der Erörterung möglicher Fördermaßnahmen.

Regelmäßige *Elternabende* geben Einblick in die Arbeit der Kindertageseinrichtung und regen zur Elternmitarbeit an.

Elternbesuche in der Einrichtung erlauben den gezielten Austausch zwischen Eltern und Erzieherinnen.

Elternbefragungen geben den Eltern Gelegenheit, ihre Meinung zu äußern und Verbesserungsvorschläge einzubringen.

Gemeinsame Aktionen mit den Eltern stärken das Gemeinschaftsgefühl und geben der gemeinsamen Erziehungsverantwortung Ausdruck.

Vielfältige Elterninformationen in verschiedenen Sprachen sichern den Informationsstand aller Eltern über unsere Aktivitäten.

⌂ Ergebnissicherung

Die Ergebnisse unserer Arbeit messen wir vor allem an der Zufriedenheit der Eltern und Kinder mit der Zielerreichung, dem pädagogischen Angebot und dem Dienstleistungsangebot. Folgende Indikatoren spielen für uns eine ganz besondere Rolle und werden von uns systematisch gemessen und bewertet:

- Zielerreichung:
Die Entwicklung der Kinder in Bezug auf alle pädagogischen Ziele überprüfen wir durch gezielte Beobachtungen anhand eines Kinderbeobachtungsbogens. Außerdem fragen wir die Eltern nach ihrem Urteil.

- Pädagogisches Angebot:
Die Zufriedenheit der Kinder mit unserem pädagogischen Angebot erheben wir durch regelmäßige Kinderkonferenzen sowie durch Elternbefragungen.

- Dienstleistungsangebot:
Die Zufriedenheit der Eltern mit den Öffnungszeiten und dem pädagogischen Angebot erheben wir durch Elternbefragungen im Rahmen von Elterngesprächen und mittels Fragebögen.

⌂ **Prozessgestaltung, Prozessplanung und Prozesslenkung**

Prozessgestaltung

Der Kernprozess der Bildung, Erziehung und Betreuung wird durch den ständigen Dialog aller Beteiligten nachhaltig gefördert und gesichert. Folgende Maßnahmen dienen dazu, diesen Dialog zu strukturieren und so intensiv wie möglich zu gestalten:

1. Ein Aufnahmegespräch und eine sorgfältig geplante Eingewöhnungsphase zu Beginn der Kindergartenzeit stellt sicher, dass die Einrichtung alle notwendigen Informationen über das einzelne Kind erhält und sich so auf die pädagogische Aufgabe einstellen kann.

2. Die ständige Interaktion mit den Kindern dient dazu, deren Bedürfnisse zu erkennen und ihnen Rechnung zu tragen.

3. Die regelmäßige Beobachtung der Kinder mittels strukturierter Beobachtungsbogen sichert jedem Kind die Aufmerksamkeit, die es benötigt, um entwicklungs- und altersgemäß gefördert werden zu können.

4. Jährliche Entwicklungsgespräche zwischen den Mitarbeiterinnen und den Eltern stellen einen kontinuierlichen Informationsfluss zwischen Kindergarten und Familie sicher und garantieren die optimale Gestaltung der Betreuungs-, Bildungs- und Erziehungsaufgabe des Kindergartens.

5. Bei Bedarf bzw. auf Wunsch der Eltern organisiert bzw. vermittelt der Kindergarten weitere Einzelfördermaßnahmen. Auf diese Weise erhalten auch die Kinder, die von einer Entwicklungsverzögerung bedroht sind, eine adäquate Förderung.

Prozessplanung

Die systematische Planung aller pädagogischen Maßnahmen ist für unsere Arbeit äußerst wichtig. Dabei legen wir unserer Arbeit vier wesentliche Planungsprozesse zugrunde:

1. Jahresplanung
   Die Jahresplanung dient der Planungssicherheit für Mitarbeiterinnen und Eltern. Hierbei erfolgt eine Übersichtsplanung in Bezug auf wichtige Feste und Feiern im kommenden Kindergartenjahr, eine Grobplanung inhaltlicher Schwerpunkte und Weiterentwicklungsaspekte sowie eine Festlegung der damit verbundenen Verantwortungsbereiche.

2. Wochenplanung
   Die Wochenplanung wird wöchentlich im Rahmen der Gruppenteamsitzung durchgeführt. Sie dient der Auswertung der bisherigen und der Planung der zukünftigen Arbeit. Hauptverantwortlich für die Wochenplanung ist die Gruppenleitung.

3. Situationsbezogene Planung
   Im Rahmen ihrer Vorbereitungszeiten reflektieren die einzelnen Mitarbeiterinnen immer wieder die Situation einzelner Kinder bzw. der Gesamtgruppe mit Hilfe von Beobachtungsbogen und beziehen diese in ihre Detailplanungen mit ein. Auf diese Weise erfolgt eine optimale Anpassung der Grobplanungen an die Situation.

4. Planung individueller Fördermaßnahmen
   Individueller Förderbedarf wird von den Mitarbeiterinnen im Rahmen von Kinderbeobachtungsprozessen festgestellt. Im Gruppenteam werden dann Maßnahmen zur Förderung innerhalb des Gruppengeschehens geplant und reflektiert. Bei Kindern mit besonderem Förderbedarf werden die Leiterin und eventuell zusätzliche Förderdienste zur Planung und Organisation der Fördermaßnahmen hinzugezogen.

Prozesslenkung
Bei der Umsetzung unserer pädagogischen Arbeit achten wir darauf, dass sich jedes Kind in der Einrichtung wohl fühlt und sich aktiv an der Gestaltung des gemeinsamen Alltags beteiligt. Zur Sicherstellung der Beteiligung der Kinder finden folgende Verfahren regelmäßig Anwendung:

- Ein *Kinderbeobachtungsbogen* erlaubt es, die Wünsche und Interessen jedes einzelnen Kindes zu erfassen und in die Planung mit einzubeziehen.
- Ein *Soziogramm* ermöglicht die Beobachtung von Entwicklungen in den einzelnen Gruppen.
- Vielfältige *Elterngespräche* ermöglichen die Erhebung weiterer Informationen.

Die Ergebnisse der vielfältigen Beobachtungs- und Befragungsmaßnahmen werden jährlich zusammengetragen und dienen der jeweiligen Jahresplanung und zur Einschätzung der Zielerreichung.

⌂ Dokumentationssystem

Zielsetzungen, Leistungsangebot, pädagogische Arbeitsweisen und Methoden sowie alle zum Nachweis der erbrachten Leistungen notwendigen Aufzeichnungen werden gewissenhaft dokumentiert. Änderungen von Vorgabedokumenten werden grundsätzlich im Gesamtteam diskutiert und beschlossen, die Freigabe veränderter Standards erfolgt durch die Leitung. Alle Mitarbeiterinnen verfügen über ein Exemplar des Qualitätshandbuchs. Interne Ablaufregelungen sind vertraulich zu behandeln.

Alle für den Zweck der Dokumentation entworfenen und erprobten Formblätter sowie ein Ablagesystem gewährleisten eine übersichtliche und zeitsparende Durchführung. Zugleich erlauben sie die Erfassung von Daten zur Ergebnismessung und die Entwicklung von Verbesserungsvorschlägen.

⌂ Messung, Analyse und Verbesserung (Evaluationssystem)

Mit Hilfe differenzierter Evaluationsverfahren werden alle Leistungen regelmäßig überprüft und bewertet. Auf diese Weise können auftretende Probleme und Unzulänglichkeiten früh erkannt und in Angriff genommen werden. Gleichzeitig lassen sich alle Prozesse ständig verbessern.

Die Maßnahmen der kontinuierlichen Evaluation dienen sowohl der systematischen Sammlung und Auswertung von Daten zur Kontrolle der Qualität wie auch der Effektivität und der Effizienz unserer Arbeit. Ziel ist die kritische Selbstvergewisserung über das eigene berufliche Handeln und über die Qualitätsentwicklung der eigenen methodischen Arbeit.

Wichtige Methoden der Evaluation sind
- die regelmäßige Selbstevaluation vor dem Hintergrund einrichtungseigener Qualitätsstandards,
- die systematische Teamreflexion,
- ausgewählte Fallbesprechungen,
- kollegiales Feedback,
- regelmäßige Auswertung von Dokumenten,
- Eltern- und Mitarbeiterinnenbefragungen sowie
- Kinderkonferenzen.

Beschwerden werden unverzüglich bearbeitet und systematisch erfasst.

⌂ Personalentwicklung und Qualifikation der Mitarbeiterinnen

Die Sicherung einer hohen Gesamtqualität des Kindergartens setzt in besonderem Maße fachliche und persönliche Kompetenzen aller Mitarbeiterinnen voraus. Qualifiziertes und motiviertes Personal ist die wichtigste Ressource und Voraussetzung für die pädagogische Arbeit. Zur Sicherstellung der Motivation der Mitarbeiterinnen sowie einer hohen fachlichen Qualität dienen insbesondere folgende Maßnahmen:

- zukunftsorientierte Personalbedarfsplanung
- sorgfältige Personalauswahl auf der Grundlage von Anforderungsprofilen
- Führung der Mitarbeiterinnen durch einen kooperativen Führungsstil und durch Zielvereinbarung
- Formulierung eines klaren Anforderungsprofils der einzelnen Funktionen
- Gezielte Auswahl und Einarbeitung neuer Mitarbeiterinnen
- regelmäßige Fortbildung aller Mitarbeiterinnen
- kontinuierlicher Austausch im Team

- gemeinsame Unternehmungen und Feste
- aktive Teilnahme an Arbeitskreisen und Tagungen

⌂ Organisationsstruktur

Die Organisationsstruktur des Kindergartens umfasst unterschiedliche Verantwortungsbereiche und Entscheidungsbefugnisse. Das zentrale Entscheidungsgremium ist das Gesamtteam. Die Letztverantwortung der Leiterin bleibt davon unbenommen. Alle speziellen Aufgabenbereiche sind klar benannt, Gremien zur Planung und Durchführung besonderer Aktivitäten erlauben einen zeitsparenden Personaleinsatz. Qualitätszirkel dienen der Weiterentwicklung der pädagogischen und strukturellen Qualität. Die einzelnen Aufgabenbereiche und die dazugehörigen Entscheidungsbefugnisse werden in Teil II des Qualitätshandbuches eingehend beschrieben.

⌂ Ressourcenmanagement

Der Träger stellt der Leitung des Kindergartens zu Beginn des Kalenderjahrs ein festes Budget zur Verfügung. Am Ende des Jahres legt die Leitung dem Träger den Haushalt zur Prüfung vor. Nichtbeanspruchte Haushaltsmittel verbleiben im Haushalt. Die Leitung erstellt zu Beginn eines Kalenderjahres eine vorausschauende Planung. Preisvergleiche und Flexibilität beim Einsatz der Mittel erlauben eine sparsame Haushaltsführung. Der Bauhaushalt und finanzielle Mittel für Einrichtungsgegenstände werden von der Leitung für das jeweils folgende Kalenderjahr beantragt. Der Träger informiert die Leitung über die Höhe der bewilligten Mittel und begründet seine Entscheidung.

Zur Verwirklichung bedarfsgerechter Tagesöffnungszeiten organisiert die Leitung einen optimalen Personaleinsatz unter Berücksichtigung der personellen Erfordernisse im Zusammenhang mit der Umsetzung des pädagogischen Konzepts in der Kindertageseinrichtung. Sie verantwortet die Entwicklung und Überwachung des Dienstplans. Bei der Einhaltung des Dienstplans ist die Leitung weisungsbefugt.

Qualitätshandbuch Band II

1. Zentrale pädagogische Qualitätsstandards
(Beispiele aus der Praxis)

Qualitätshandbuch Band II

○ Pädagogische Qualitätsstandards
  Strukturelle Standards und Vorgaben
  Evaluationsverfahren
○ Dokumentationssystem

Pädagogische Standards

Raumgestaltung	PAED-QS	1
Spiel- und Lernmaterial	PAED-QS	2
Freispiel	PAED-QS	3
Angebote	PAED-QS	4
Schulvorbereitende Maßnahmen	PAED-QS	5
Förderliches Erzieherinnenverhalten	PAED-QS	6

Standards für die Elternarbeit:

Elterngespräch	EA-QS	1
Elternabend	EA-QS	2
Elternbeschwerde	EA-QS	3

Raumgestaltung	PAED-QS 1

Begriffsklärung

Der QS Raumgestaltung kennzeichnet die Anforderungen, die wir in unserer Einrichtung an die Gestaltung aller Räume stellen, die für die Kinder zugänglich sind und mit denen wir pädagogische Absichten verbinden.

Bedeutung

Räume sprechen durch ihre Atmosphäre und ihre Einteilung. Sie erziehen indirekt mit, indem sie auffordern oder einschränken, disziplinieren oder Entfaltung ermöglichen. Raumentscheidungen sind deshalb immer zugleich pädagogische Entscheidungen. In jedem pädagogischen Ansatz spielen Räume eine große Rolle, Maria Montessori nennt sie »heimliche Miterzieher«, die Reggio-Pädagogik »die Dritten im Bunde«. Damit das Haus zu einem bespielbaren Ort wird, müssen sämtliche Räumlichkeiten immer wieder aus der pädagogischen Perspektive betrachtet und verändert werden.

Ziele

Die Kinder sollen
- sich in allen Räumen des Hauses wohl fühlen,
- sich so selbstständig wie möglich bewegen können,
- zu vielfältigen Spiel- und Lernaktivitäten angeregt werden,
- möglichst ungestört und intensiv spielen können.

Vorbereitung

Die einzelnen Gruppenteams stellen permanent sicher, dass die Räume, die in ihrem Verantwortungsbereich liegen, folgenden Kriterien entsprechen:

Allgemein: Das Raumkonzept ist offen und variabel. Es lässt vielfältige Aktivitäten zu und unterstützt gruppenübergreifende Angebote. Die Räumlichkeiten lassen sich variabel nutzen. Die Räume sind sparsam möbliert und geben Raum für Bewegungs- und Kleingruppenaktivitäten. Rückzugsmöglichkeiten sind vorhanden.

▶

Gruppenräume: Die Gruppenräume sind in mehrere, sinnvoll platzierte Funktionsbereiche unterteilt, die genügend Platz und Ausstattung für die jeweiligen Aktivitäten bieten; die Kinder werden an der Planung und Gestaltung der Räume beteiligt, flexible Möbel, Raumteiler etc. ermöglichen den Kindern, den Raum nach ihren momentanen Bedürfnissen zu gestalten.

Eingangsbereich/Flure: Der Eingangs-/Flurbereich dient dem Empfang und der Verabschiedung der Kinder sowie dem Kleiderwechsel. Nach Möglichkeit werden einzelne variable Spielbereiche angeboten, die Wände als Ausstellungsraum genutzt und Bereiche für die Eltern zur Verfügung gestellt.

Nebenräume: Außer dem Gruppenraum stehen den Kindern weitere Nebenräume zur Verfügung. Diese Bereiche unterstützen spezifische Aktivitäten wie zum Beispiel Bewegungsspiele, Musizieren, Kontaktmöglichkeiten mit anderen Kindern, Theater, Kochen etc. Die Umgestaltung wird mit den Kindern durchgeführt.

Außenspielbereich: Der gesamte Gartenbereich steht den Kindern als Lebens- und Erfahrungsraum zur Verfügung. Die Gestaltung ist vielfältig und anregend und unterstützt den Bewegungsdrang der Kinder. Wasser ist vorhanden. Der Gartenbereich ist naturnah gestaltet und erlaubt den täglichen Aufenthalt im Freien.

Atmosphäre: Möbel und Raumgestaltungselemente sind sorgfältig ausgewählt und berücksichtigen die Größe der Kinder. Ästhetische Elemente heben den Wohncharakter hervor, kindliche Werke werden angemessen präsentiert.

Rückzug: Die Raumgestaltung bietet geeignet ausgestattete Plätze zum Rückzug an. Kissen, Decken etc. sind vorhanden. Uneinsehbare Bereiche bieten Rückzugsmöglichkeiten.

Bewegung: Ein großzügig bemessener Raum für Bewegungsspiele ist für die Kinder frei zugänglich. Bewegungsanregende Materialien sind vorhanden und für die Kinder – außer zu Zeiten der gelenkten Bewegungserziehung – frei zugänglich.

Sanitärräume: Die Sanitärräume sind sauber und von den Kindern jederzeit selbstständig zu benutzen.

Durchführung und Nachbereitung

Während des Tages achten die Erzieherinnen darauf, dass die Kinder die Räume sachgemäß nutzen. Beschädigte Möbel oder Elemente werden unverzüglich aus dem Verkehr gezogen, repariert oder so deponiert, dass sich die Kinder nicht verletzen können. Die Kinder werden an der Gestaltung und Pflege der Räume altersgemäß beteiligt. Alle Mitarbeiterinnen überprüfen regelmäßig die Qualität der Raumgestaltung, insbesondere zu Beginn und am Ende ihres Arbeitstages.

Pädagogische Werthaltung

Die Erzieherin
- ermutigt die Kinder, sich die Räume interessenorientiert anzueignen,
- unterstützt Selbstständigkeitsbestrebungen der Kinder,
- beteiligt die Kinder bei der Planung von Raumänderungen und bei der Regelfindung in den einzelnen Spielbereichen,
- achtet darauf, dass die Materialien übersichtlich und für alle Kinder erreichbar angeordnet sind, und
- unterstützt die Kinder beim selbstständigen Aufräumen.

Mitgeltende Unterlagen

PAED-QS 2 Spiel- und Lernmaterial
EVA-QS 5 Auswertung der Raum-/Materialqualität

Freigegeben am:	Unterschrift:	Nächste Überprüfung am:

Spiel- und Lernmaterial	PAED-QS 2

Begriffsklärung
Als Spiel- und Lernmaterial wird das in unserer Einrichtung vorhandene, den Kindern zum Spielen und Lernen frei zugängliche Angebot an Materialien verstanden.

Bedeutung
Das Spiel mit unterschiedlichen Materialien kann als dominante Lernform im Kindesalter bezeichnet werden. Aus diesem Grund müssen vielfältige Spielmittel und -materialien, die altersentsprechend sind und die Interessen der Kinder berücksichtigen, zur Verfügung stehen.

Ziele
Die Kinder
- finden vielfältige Spielsachen u. Materialien vor und spielen gerne damit,
- können zwischen unterschiedlichen Materialien je nach Entwicklungsstand und Neigungen auswählen,
- können zwischen strukturierten und unstrukturierten Materialien auswählen,
- kennen und nutzen die vorhandenen Spielsachen und Materialien in ihrer Funktion und
- entwickeln Freude und Spaß am Spielen.

Vorbereitung
Die Erzieherin achtet darauf, dass die nachfolgend aufgeführten Materialien und Spielsachen in ausreichender Zahl und auf das Alter der Kinder abgestimmt vorhanden und nicht beschädigt oder unvollständig sind:
- Lege-, Bau- und Konstruktionsmaterial
- Material für Malen und Zeichnen
- Werkzeuge und Materialangebote für Werken
- Kleider und Hilfsmittel für Rollenspiele

▶

- Bilderbücher
- Instrumente und Objekte zum Beobachten und Experimentieren
- Objekte zum Ausstellen und Betrachten
- Geduldspiele
- Didaktische Spiele, Arbeitsblätter, Gesellschaftsspiele
- Geräte und Hilfsmittel für Turnen und Bewegungsspiele
- Instrumente und Hilfsmittel für Musik und Rhythmik
- Arbeitsgeräte für hauswirtschaftliche Tätigkeiten
- Möglichkeiten für audiovisuelle Erlebnisse

Durchführung und Nachbereitung

Während der Spielzeit der Kinder fördert die Erzieherin den angemessenen Umgang mit Materialien und Spielsachen und stellt sicher, dass allen Kindern die Funktionen der Geräte und die Regeln der Spiele bekannt sind. Die Mitarbeiterinnen überprüfen die vorhandenen Materialien und Spielsachen ständig auf ihre Funktionstüchtigkeit. Verbrauchte Materialien werden umgehend wiederbeschafft.

Erzieherische Werthaltung

Die Erzieherin
- führt die Kinder in die Spielregeln ein, so dass ein selbstständiges Spiel der Kinder möglich wird,
- ordnet die Spiele so an, dass alle Kinder sich leicht orientieren können,
- ermutigt die Kinder zum Ausprobieren und Anwenden der Materialien und Spielsachen,
- unterstützt die Kinder bei Fragen und Problemen, die sie selbst nicht lösen können,
- spielt und bastelt selbst mit Freude mit den Kindern zusammen,
- vereinbart mit den Kindern Regeln für den Umgang,
- ermutigt die Kinder, Materialien nach Absprache mit den anderen Gruppen zu nutzen und
- erlaubt ihnen zeitweise, Spielmaterialien von zu Hause mitzubringen.

Mitgeltende Unterlagen:
PAED-QS 1 Raumgestaltung
EVA-QS 5 Auswertung der Raum-/Materialqualität

Freigegeben am:	Unterschrift:	Nächste Überprüfung am:

Freispiel	PAED-QS 3

Begriffsklärung
Freispiel bezeichnet diejenigen Aktivitäten der Kinder, bei denen sie sich allein oder mit anderen intensiv beschäftigen und sich dabei durch Eigentätigkeit selbst bilden. Eine anregungsreiche und vielfältige Umgebung trägt dazu bei, dass Kinder zu selbstständigem Tun in der Einrichtung motiviert werden.

Bedeutung
In einer stark die eigenständige Persönlichkeit voraussetzenden Gesellschaft müssen Kinder sehr früh lernen, selbstständig zu entscheiden und zu handeln. Zugleich müssen sie darin gefördert werden, mit anderen Kindern zusammen zu spielen, Konflikte zu lösen und sich im Einzelfall auch einmal durchzusetzen. Und sie müssen lernen, eigene Fähigkeiten und Fertigkeiten zu entwickeln, sich selbst zu motivieren und zu konzentrieren. Im Freispiel können alle personalen, sozialen und intellektuellen Kompetenzen gefördert werden.

Ziele

Die Kinder

- lernen zunehmend selbstständig und ausdauernd zu spielen,
- gehen mit den vorhandenen Materialien und Spielsachen eigenständig und kreativ um,
- können Spielprozesse selbstständig initiieren und umsetzen,
- suchen eigenständig Spielpartner und finden Lösungen für auftauchende Konflikte und
- entwickeln vielfältige Fähigkeiten und Fertigkeiten im Umgang mit anderen Kindern oder mit dem Spielmaterial.

Vorbereitung, Durchführung, Nachbereitung

Vorbereitung:
Die Erzieherin sorgt für eine angenehme Atmosphäre, in der sich alle Kinder angenommen und sicher fühlen. Die Räume sind ansprechend gestaltet und fordern zum Spielen auf. Das Material ist vielfältig und erlaubt eine selbstständige und kreative Nutzung. Die Kinder kennen die einzelnen Spiel- und Aufenthaltsbereiche und entscheiden selbstständig darüber, wer wo mit wem spielt.

Durchführung:
Während der Freispielzeit achtet die Erzieherin insbesondere auf die Kinder, die nicht wissen, was sie tun sollen, oder die andere Schwierigkeiten haben. Sie lässt Langeweile zu, gibt aber gegebenenfalls auch Unterstützung und macht Vorschläge. Außerdem setzt sie da Grenzen, wo es erforderlich ist und wo die Kinder die Regeln nicht von selbst einhalten.

Nachbereitung:
Nach der Freispielzeit gestaltet die Erzieherin den Übergang zum Aufräumen zum Beispiel durch ein vereinbartes Zeichen, das die Kinder kennen. Sie erinnert die Kinder ans Aufräumen der Materialien und Spielsachen,

die nicht einfach stehen oder liegen bleiben können, und unterstützt einzelne Kinder da, wo es angemessen erscheint.

Pädagogische Werthaltung
Die Erzieherin
- gestaltet eine angenehme, entspannte und angstfreie Atmosphäre,
- unterstützt die Kinder durch vorübergehendes aktives Mitspielen oder durch Zur-Verfügung-Stellen von Materialien,
- hilft Gruppen bei Konflikten, die diese selbst nicht lösen können,
- beobachtet die Kinder und lernt so ihre Stärken und Schwächen kennen,
- spricht freundlich und aufmerksam mit jedem Kind,
- unterstützt Einzelinteressen und ermöglicht die Verfolgung der Vorhaben einzelner Kinder insbesondere durch Unterstützung bei der Materialbeschaffung,
- steht den Kindern als verlässliche Ansprechpartnerin zur Verfügung.

Mitgeltende Unterlagen
DOK 1: Beobachtungsbogen
PAED-QS 1: Raumgestaltung
PAED-QS 2: Spiel- und Lernmaterial

Freigegeben am:	Unterschrift:	Nächste Überprüfung am:

Kleingruppenangebot PAED-QS 4

Begriffsklärung
Als Kleingruppenangebote werden diejenigen Aktivitäten in der Einrichtung bezeichnet, die von einer Erzieherin ausgehen und sich an eine spontan oder gezielt zusammengesetzte Kleingruppe richten. Solche Angebote zielen auf wichtige entwicklungsfördernde Aspekte.

Bedeutung
Während die Kinder im Freispiel die Möglichkeit haben, nach ihren eigenen Interessen und Vorlieben zu spielen, zu lernen und zu arbeiten, zielen die Kleingruppenangebote darauf ab, die Kinder durch konkrete Beteiligungsangebote zu zusätzlichen, ihre eigenen Erfahrungen anreichernden Lern- und Spielaktivitäten zu motivieren.

Ziele
Die Kinder
- werden altersspezifisch gefördert,
- eignen sich vielfältiges Wissen an,
- entwickeln vielfältige Handlungskompetenzen und
- beteiligen sich aktiv an gemeinsamen Spiel- und Lernprozessen.

Vorbereitung, Durchführung, Nachbereitung

Vorbereitung:
Im Laufe einer Woche werden mindestens zehn Angebote gemacht . Die jeweils für ein Angebot verantwortliche Mitarbeiterin beobachtet die Kinder und stellt wichtige Themen, mit denen sich die Kinder beschäftigen, fest. Außerdem orientiert sie sich an wichtigen aktuellen oder jahreszeitlichen Themenstellungen und bringt eigene Ideen ein. Dann legt sie mit den Kindern ein Thema fest, sucht Materialien zusammen und macht ihr Angebot in geeigneter Weise bekannt.

Durchführung:
Während der Durchführung achtet die Erzieherin darauf, dass alle Kinder angemessen beteiligt sind. Sie unterstützt insbesondere die Kinder, die Schwierigkeiten haben, und nutzt die Zeit zur Beobachtung einzelner Kinder.

Nachbereitung:
Nach der Durchführung macht sich die Erzieherin Notizen über die Art der Teilnahme der Kinder, deren Äußerungen etc. und bezieht diese in die Planung zukünftiger Angebote mit ein.

Pädagogische Werthaltung
Die Erzieherin
- wählt interessante und anregungsreiche Themen aus,
- motiviert die Kinder zum Mitmachen und lobt entstandene Ergebnisse,
- sichert eine entspannte und positive Atmosphäre,
- beobachtet Verhalten und Mitarbeit der Kinder und berücksichtigt dies bei ihrem Vorgehen,
- greift Vorschläge und Ideen der Kinder auf und bezieht diese nach Möglichkeit in ihr Angebot ein.

Mitgeltende Unterlagen
EVA-QS 6: Auswertung der pädagogischen Angebote
PAED-QS 5: Schulvorbereitende Maßnahmen
Dok 5: Kleingruppenangebot

Freigegeben am:	Unterschrift:	Nächste Überprüfung am:

Schulvorbereitende Maßnahmen   PAED-QS 5

Begriffsklärung
Schulvorbereitung im Kindergarten umfasst alle Maßnahmen, die dazu beitragen, die Schulfähigkeit insbesondere der Kinder, die unmittelbar vor dem Übergang in die Schule stehen, zu optimieren und ihnen den Übergang vom Kindergarten in die Grundschule zu erleichtern.

Bedeutung
Schulvorbereitung ist eine Maßnahme, die sich an der Vorstellung von Schulfähigkeit orientiert. Sie ist keine feststehende Größe, sondern eine Beurteilung in Abhängigkeit politischer, persönlicher, pädagogischer und gesellschaftlicher Gegebenheiten. Schulfähigkeit wird durch drei Bedingungen charakterisiert:
- die individuellen Voraussetzungen des Schülers
- die Qualität des Anfangsunterrichts
- das Verhalten des Lehrers

Der Aufgabenbereich des Kindergartens liegt sowohl in der optimalen Gestaltung von Angeboten zur Erlangung der körperlichen, geistigen und sozialen Voraussetzungen für den Schulbesuch als auch in der Kooperation mit der Schule. Die Erfassung des Entwicklungsstandes des Kindes stellt dabei die Voraussetzung für die Bereitstellung von Angeboten und Maßnahmen sowie die gezielte Förderung dar.

Ziele
Die Kinder
- spüren, dass sie zu einer speziellen Zielgruppe im Kindergarten gehören,
- machen sich mit dem neuen Lebensabschnitt vertraut und freuen sich auf den Übergang in die Schule,
- erfüllen die Kriterien der Schulfähigkeit,

- verfügen über das notwendige Maß an Selbstständigkeit, an angemessenem Sozialverhalten, religiösem Wertverhalten, emotionaler Ausgewogenheit, entsprechendem Lern- und Arbeitsverhalten, altersgemäßer Grob- und Feinmotorik, Sprachentwicklung, Wahrnehmung, Kreativität und allgemeinem Erkenntnisstand.

Vorbereitung

Das Gruppenteam sorgt dafür, dass folgende Voraussetzungen geschaffen sind:
- ausreichendes, anregendes und anspruchsvolles Spielmaterial für die 5-Jährigen,
- Elemente/Medien aus der Schule (Tafel, Setzkasten, Schultasche etc.),
- ein Regal oder Fach mit Angeboten für Vorschulkinder,
- verantwortliche Übernahme bestimmter Aufgaben durch die Vorschulkinder (Telefonieren, Blumen versorgen, Einkaufen etc.).
- Die Vorschulkinder können im Kindergarten »Schule« spielen.
- Sie finden eine Experimentierecke oder eine Werkbank vor.
- Vorschulkinder haben bestimmte Privilegien (Übernachtungsaktion, Exkursionen etc.).

Zusätzlich zu den Maßnahmen im Hause organisiert die Erzieherin Angebote, die sicher stellen, dass
- die Vorschulkinder ihre Schule, den Schulweg und die Klassenlehrerin kennen und
- einen Tagesablauf in der Schule miterlebt und Kontakt zu Schulkindern aufgenommen haben.

Durchführung und Nachbereitung

Die Erzieherin bereitet wöchentlich mindestens ein Angebot vor, das nur für die 5-Jährigen bestimmt ist. Sie orientiert sich mit ihren Angeboten am Entwicklungsstand der Gruppe und berücksichtigt vorhandene spezifische Schwächen einzelner Kinder. Im Wechsel mit solchen Angeboten finden

▶

Schulbesuche, Schulwegbegehungen etc. statt. Bei der Durchführung achtet die Erzieherin darauf, dass alle Kinder angemessen beteiligt sind. Die einzelnen Maßnahmen werden dokumentiert und ausgewertet. Besondere Erkenntnisse, die sich aus einer Maßnahme ergeben, werden bei der Vorbereitung des nächsten Angebotes berücksichtigt.

Pädagogische Werthaltung

Die Erzieherin

- beobachtet sorgfältig den Entwicklungsstand der Kinder und bezieht diesen in ihre Vorbereitung mit ein,
- sucht Themen und Materialien vor dem Hintergrund der Interessen und Bedürfnisse der Kinder variantenreich aus,
- fördert fortwährend die kindliche Neugier und den Wissensdurst,
- unterstützt alle Kinder, insbesondere solche mit besonderen Schwierigkeiten,
- informiert die Eltern regelmäßig über den Stand und die Entwicklung der Kinder und führt mit allen Eltern ein Informationsgespräch durch.

Mitgeltende Unterlagen

EVA-QS 3: Entlassfragebogen
EVA-QS 7: Auswertung der schulvorbereitenden Maßnahmen
Dok: 6: Schulvorbereitende Maßnahme

Freigegeben am:	Unterschrift:	Nächste Überprüfung am:

Förderliches Erzieherinnenverhalten   **PAED-QS 6**

Begriffsklärung
Unter förderlichem Erzieherinnenverhalten wird jedes nonverbale oder verbale Verhalten der Erzieherin in einer positiven, unterstützend wirkenden Interaktion mit Kindern verstanden.

Bedeutung
Erzieherinnen sind neben den Eltern und anderen Kindern wichtige Verhaltensmodelle. Erzieherinnen befinden sich in der Arbeit mit Kindern, bei der Begrüßung, im Spiel, bei Gesprächen etc. immer in einer wechselseitigen Kommunikationssituation. Kinder orientieren sich in ihrem Verhalten an Vorbildern. Für die Entwicklung des Kindes sind die früh erlebten Bindungs- und Beziehungserfahrungen von großer Bedeutung.

Ziele
Die Kinder
- fühlen sich sicher und angenommen,
- können im Kindergarten neben der Familie positive Bindungen aufbauen und damit ihre Erfahrungen erweitern, ergänzen und ausgleichen,
- erleben eine angenehme Gruppenatmosphäre,
- entwickeln ein positives Selbst- und Weltbild,
- werden in die Lage versetzt, den Alltag auch mit seinen Konflikten und Krisen zunehmend selbstständig zu bewältigen.

Die Erzieherin
- entwickelt eine Beziehung zum Kind, die durch gegenseitige Achtung, Partnerschaftlichkeit und Toleranz geprägt ist,
- weiß um unterschiedliche individuelle Entwicklungen der Kinder und kennt deren Bedürfnisse,
- ist sich ihrer Verantwortung und der Bedeutung ihres Verhaltens bewusst,

- begegnet jedem Kind mit Achtung und nimmt es in seiner Individualität ernst.

Vorbereitung, Durchführung, Nachbereitung

Die Erzieherin
- nimmt zu jedem Kind täglich mehrmals Kontakt auf,
- reagiert einfühlsam auf die Bedürfnisäußerungen von Kindern,
- gibt emotionale Zuwendung über häufigen Blickkontakt,
- regt die Kinder an, ihre eigenen Meinungen und Wünsche zu äußern,
- räumt Kindern Handlungs- und Entscheidungsfreiräume ein und begleitet situationsbedingt,
- entwickelt und hinterfragt Regeln des Zusammenlebens mit den Kindern,
- lässt Körperkontakt zu,
- ist in ihrem Verhalten transparent, gerecht und verlässlich,
- spendet Trost und Mitgefühl,
- stimmt ihr Verhalten mit dem Team ab und sorgt so für einen reibungslosen Übergang bei Personalwechsel (zum Beispiel im Rahmen von Vertretungen) und
- reflektiert mögliche Voreingenommenheiten und Vorurteile einzelnen Kindern gegenüber.

Pädagogische Werthaltung

Die Erzieherin ist sich ihrer Schlüsselfunktion als Repräsentantin der pädagogischen Kultur der Einrichtung bewusst. Der ständigen Reflexion des eigenen Verhaltens misst sie eine hohe Bedeutung bei und nimmt dies als Chance, eigene Schwächen zu erkennen und diese auszugleichen.

Mitgeltende Unterlagen

EVA-QS 8: Auswertung des förderlichen Erzieherinnenverhaltens

Freigegeben am:	Unterschrift:	Nächste Überprüfung am:

Elterngespräch   EA-QS 1

Begriffsklärung
Ein Elterngespräch ist ein zeitlich vorstrukturierter Austausch mit den Eltern über die Entwicklung ihres Kindes und über die pädagogische Arbeit in der Einrichtung. Pro Kind findet mindestens einmal pro Jahr ein Elterninformationsgespräch statt.

Bedeutung
Die Kindertageseinrichtung übernimmt für einen Teil des Tages die Mitverantwortung für Erziehung, Bildung und Betreuung eines Kindes. Um dieser Aufgabe gerecht zu werden, gilt es, Eltern als Partner zu akzeptieren und ernst zu nehmen. Nur im Dialog können Eltern und Erzieherinnen erfahren, wie sich das Kind in der jeweils anderen Lebenswelt verhält, sich über den Entwicklungsstand des Kindes unterrichten und gemeinsam Maßnahmen ergreifen, die der Entwicklung des Kindes zusätzlich förderlich sein können. Ein festgelegtes Elterngespräch, auf das sich beide Seiten so vorbereiten, dass es tatsächlich fruchtbar wird, erlaubt die Sicherung einer gemeinsamen Erziehungspartnerschaft zum Wohle des Kindes.

Ziele
Die Eltern
- sind über die Tätigkeiten ihres Kindes in der Einrichtung und dessen Entwicklungsstand umfassend informiert,
- erhalten Information und Unterstützung bei etwaigen Entwicklungsverzögerungen,
- beteiligen sich aktiv an der Erziehung, Bildung und Betreuung der Kinder in der Kindertageseinrichtung,
- ontwickeln Vertrauen zu den Erzieherinnen und fühlen sich in der Einrichtung wohl.

Die Erzieherinnen
- wissen um die Interessen und Bedürfnisse der Eltern,

▶

- gewinnen einen Einblick in die familiäre Umgebung des Kindes.

Vorbereitung, Durchführung, Nachbereitung

Vorbereitung
Spätestens eine Woche vor dem anberaumten Termin sichtet die Erzieherin die Beobachtungsbogen und beobachtet das Kind bezüglich seiner Spiel- und Lerngewohnheiten genauer. Vor dem Gespräch stellt sie alle Unterlagen zusammen, die über das Kind vorliegen, und formuliert Gesprächsziele.

Durchführung
Das Gespräch findet in einer geräuscharmen, angenehmen und vorbereiteten Umgebung statt. Es dauert nicht länger als eine Stunde.

Bei der Durchführung orientiert sich die Erzieherin an folgenden Phasen:
1. Begrüßung und Kontaktaufnahme.
2. Kurze Benennung des Gesprächsanlasses.
3. Darstellung der Entwicklung/des Entwicklungsstandes und der Spielgewohnheiten und -partner des Kindes anhand von ausgewählten Beispielen.
4. Rückfrage an die Eltern, inwiefern sie die Sichtweise teilen, wie sie ihr Kind sehen, was es zu Hause tut etc.
5. Zusammenfassung und Vereinbarung (die Stärken des Kindes herausstellen, darstellen, was gemeinsam getan werden kann, um das Kind weiter zu fördern etc.).
6. Rückfrage nach Wünschen der Eltern in Bezug auf die Arbeit der Kindertageseinrichtung.
7. Abschluss und Verabschiedung.

Nachbereitung
Nach dem Gespräch hält die Erzieherin insbesondere das Ergebnis des Gesprächs in der Dokumentvorlage fest und informiert im darauffolgenden Gruppenteam die anderen Kolleginnen über die Ergebnisse. Sollten zu-

sätzliche Fördermaßnahmen notwendig sein, übernimmt sie die Einleitung weiterer Schritte und hält gegebenenfalls den Kontakt mit den Eltern.

Pädagogische Werthaltung

Die Erzieherin
- schafft eine angenehme und vertrauensvolle Gesprächsatmosphäre,
- vermittelt den Eltern Wertschätzung und Akzeptanz,
- informiert die Eltern klar und verständlich und stellt dabei die Stärken der Kinder in den Vordergrund,
- achtet auf ein ausgewogenes Verhältnis von Zuhören und Sprechen seitens der beteiligten Gesprächspartner,
- gibt bei Bedarf konkrete Hinweise auf zusätzliche Hilfen und Fördermaßnahmen.

Mitgeltende Unterlagen

DOK 2: Kinderbeobachtungsbogen
DOK 3: Elterngespräch

Freigegeben am:	Unterschrift:	Nächste Überprüfung am:

Elternabend EA-QS 2

Begriffsklärung
Elternabende dienen der umfassenden Information der Eltern über die Arbeit in der Kindertageseinrichtung, über pädagogische Fragen allgemein und über die Pflege der gemeinsamen Beziehungen. Außerdem fördern sie den Austausch der Eltern untereinander. Elternabende können je nach Thema entweder als hausübergreifende oder gruppenbezogene Elternabende durchgeführt werden.

Bedeutung
Elternabende erlauben die umfassende Information aller Eltern und den gegenseitigen Austausch. Dies ist insbesondere deshalb wichtig, weil die Eltern meist nicht die Zeit haben, um sich beim Bringen und Abholen der Kinder in der Einrichtung über längere Zeit aufzuhalten und Gespräche mit den Erzieherinnen zu führen. Je informierter Eltern über die Arbeit der Einrichtung sind, umso eher können sie deren Arbeit auch angemessen einschätzen.

Ziele
Die Eltern
- sind über das Selbstverständnis und die Schwerpunkte der pädagogischen Arbeit umfassend informiert,
- erfahren Neues zu aktuellen pädagogischen Themen und können relevantes Wissen auf ihre eigene Familiensituation übertragen,
- nehmen die Möglichkeit zum Austausch mit anderen Eltern wahr,
- werden als Erziehungspartner wahrgenommen und unterstützt und
- kommen gerne zu Elternabenden.

Vorbereitung, Durchführung, Nachbereitung
Vorbereitung:
Die Durchführung eines Elternabends wird im Gesamtteam beschlossen. Handelt es sich um einen Gesamtelternabend, erhält eine Planungsgruppe

▶

den Auftrag zur Vorbereitung, bei Gruppenelternabenden das Gruppenteam. Das jeweilige Team setzt die Ziele des Elternabends fest und plant die einzelnen Abschnitte, legt Verantwortlichkeiten fest und organisiert die Durchführung (Kinderbetreuung, Verpflegung etc.).
Wichtige Elemente der Planung sind Themenauswahl, Raumauswahl, Methodenauswahl, Medienauswahl.

Durchführung:
Die gesamte Durchführung wird von einer oder zwei Erzieherinnen moderiert. Wichtig ist, dass die Eltern fest mit einbezogen sind und dass informative und anregende Medien eingesetzt werden.

Nachbereitung:
Über den Elternabend wird ein Protokoll angefertigt. Im Rahmen der Teamarbeit erfolgt ein kurzes Feedback, vor dessen Hintergrund dann Vorschläge zur Gestaltung weiterer Elternabende entwickelt werden.

Pädagogische Werthaltung
Die Erzieherinnen
- vermitteln eine positive und freundliche Atmosphäre,
- sichern durch umsichtige Planung und Durchführung einen reibungslosen Ablauf,
- geben kompetente und anschauliche Einblicke in die Arbeit und
- moderieren die Veranstaltung freundlich und kurzweilig.

Mitgeltende Unterlagen
DOK 7: Elternabend

Freigegeben am:	Unterschrift:	Nächste Überprüfung am:

Umgang mit Elternbeschwerden   EA-QS 3

Begriffsdefinition

Eine Beschwerde ist Ausdruck einer Unzufriedenheit mit einem Vorkommnis oder einem Zustand in der Kindertageseinrichtung. Beschwerden können strukturiert (zum Beispiel im Fragebogen unter der Rubrik *Sonstiges* oder spontan erfolgen und sich auf einzelne Aspekte oder die Gesamtqualität der Kindertageseinrichtung beziehen. Sie können mündlich, schriftlich oder informell (an Dritte) abgegeben werden.

Bedeutung

Beschwerden werden im Allgemeinen nicht gerne gehört oder gelesen. Im Qualitätsmanagement sind sie jedoch wichtige Informationshinweise, die darüber Auskunft geben können, wo Schwachstellen oder Fehlerhäufungen in einer Kindertageseinrichtung vorhanden sind. Beschwerden müssen nicht immer begründet und zutreffend sein, trotzdem enthalten alle Beschwerden wichtige Botschaften (zum Beispiel »Ich bin verärgert« – »Ich fühle mich nicht ernst genommen« etc.), die unbedingt aufgegriffen und bearbeitet werden müssen. Beschwerden, die unterdrückt werden, verwandeln sich häufig in Gerüchte und können auf lange Sicht das Bild einer sonst guten Einrichtung nachhaltig schädigen. Deshalb gilt es, Beschwerden nicht nur zuzulassen, sondern zu ermöglichen und zu fordern. Nur wenn ein Team weiß, wo der Schuh drückt, kann Abhilfe geschaffen werden.

Ziele

- Beschwerden werden schnell bearbeitet und, falls die Einrichtung fehlerhaft gehandelt hat, wird der entsprechende Mangel/Fehler so schnell wie möglich behoben.
- Beschwerden werden zum Anlass von Verbesserungsvorschlägen im Team.
- Der Beschwerdeführer erfährt, dass seine Rückmeldungen erwünscht sind.

- Die Mitarbeiterinnen können bei der Entgegennahme von Beschwerden zwischen emotionaler und sachlicher Information differenzieren und die Beschwerde entsprechend annehmen.

Vorbereitung, Durchführung, Nachbereitung

Vorbereitung / Durchführung eines Beschwerdegespräches:
Tritt eine Beschwerde auf, so kann ein sich daran anschließendes Gespräch folgendermaßen gesteuert werden:
1. Interesse und Verständnis für die Beschwerde zeigen
2. Nachfragen, ob man den Beschwerdeanlass richtig verstanden hat.
3. Die Sichtweise des Beschwerdeführers bestätigen und sich für den Fall, dass er im Recht ist, entschuldigen.
4. Hat er nur teilweise Recht, aufzeigen, wo man übereinstimmt und wo nicht. Hat er Unrecht, um Verständnis bitten, dass man keine Abhilfe schaffen kann. Werden Beschwerden in unverschämtem Ton vorgetragen, um Sachlichkeit bitten und sich gegebenenfalls gegen Beleidigungen verwahren.
5. Nach Lösungen für den Einzelfall suchen.
6. Zum Ausdruck bringen, dass man in jedem Fall dafür sorgen wird, dass sich der Fehler nicht noch einmal wiederholt.
7. Sich noch einmal für die Beschwerde bedanken (»Gut, dass Sie mir das gleich mitgeteilt haben!«) und das Gespräch positiv beenden.

Bei komplexen Beschwerden, empfiehlt es sich, das Gespräch bei Punkt 4 zu unterbrechen und zu einem späteren Zeitpunkt fortzusetzen, nachdem die Beschwerde intern reflektiert wurde.

Nachbereitung:
Der Beschwerdeanlass wird im Beschwerdebuch dokumentiert. Falls nur eine schnelle Entscheidung den Fehler in Zukunft vermeiden hilft, wird die Leitung über das Problem umgehend informiert.

Pädagogische Werthaltung

Die Erzieherin
- tritt während des Beschwerdegesprächs stets freundlich auf,
- bringt dem Beschwerdeführer gegenüber deutlich zum Ausdruck, dass sie die Beschwerde sehr ernst nimmt,
- benennt (falls möglich) Fehler/Mängel konkret, weist aber keiner Kollegin die Schuld zu (»Wir ...«),
- übernimmt die Verantwortung für die Behebung des Problems,
- weist offensichtlich ungerechtfertigte Beschwerden freundlich und bestimmt zurück.

Mitgeltende Unterlagen

EVA-QS 9: Beschwerdemanagement

Freigegeben am:	Unterschrift:	Nächste Überprüfung am:

2. Zentrale strukturelle Standards

(Beispiele aus der Praxis)

Qualitätshandbuch Band II

- Pädagogische Qualitätsstandards
- **Strukturelle Standards und Vorgaben**
- Evaluationsverfahren
- Dokumentationssystem

Organigramm	STRUK-QS 1
Verantwortungsbereiche	
Leitung	STRUK-QS 2
Gruppenleitung	STRUK-QS 3
Pädagogische Mitarbeiterin	STRUK-QS 4
Gesamtteam	STRUK-QS 5
Gruppenteam	STRUK-QS 6
Personalentwicklung	
Mitarbeiterinnenauswahl	STRUK-QS 7
Mitarbeiterinnengespräch	STRUK-QS 8
Mitarbeiterinnenfortbildung	STRUK-QS 9
Praktikantenanleitung	STRUK-QS 10
Öffentlichkeitsarbeit	STRUK-QS 11
Sicherheit	STRUK-QS 12
Hygiene	STRUK-QS 13

Organigramm STRUK-QS 1

Die Organisationsform des Kindergartens umfasst verschiedene, in unten stehendem Organigramm erfasste Hierarchieebenen. Alle Verantwortungsbereiche und Entscheidungsbefugnisse werden im Rahmen der nachfolgenden strukturellen Standards beschrieben.

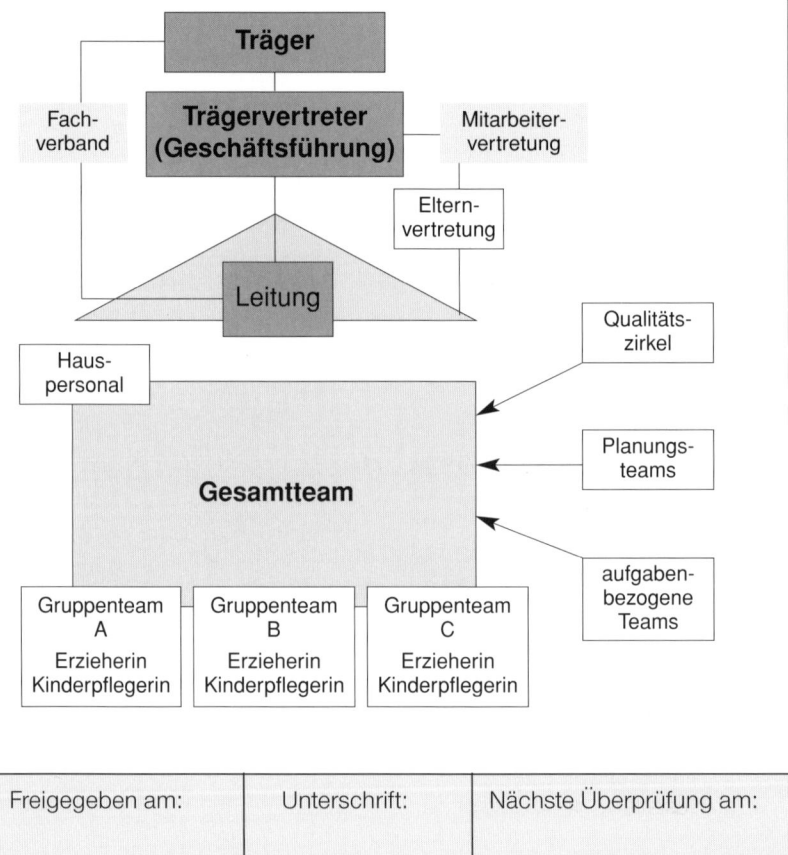

| Freigegeben am: | Unterschrift: | Nächste Überprüfung am: |

Leitung   **STRUK-QS 2**

Verantwortungsbereich

Die Leiterin trägt die Gesamtverantwortung für die Einrichtung im konzeptionellen und pädagogischen Bereich sowie in allen organisationalen Belangen, insoweit sich nicht der Träger einzelne Bereiche vorbehält.

Aufgaben

1. Zusammenarbeit mit dem Träger:
    - Information über alle wichtigen, die Einrichtung betreffenden Belange
    - Einbeziehen des Trägers bei allen grundlegenden konzeptionellen Entscheidungen
    - Beratung bei allen das Dienstleistungsangebot der Einrichtung betreffenden Veränderungsmaßnahmen
    - Verwaltung der im Rahmen des Budgets anvertrauten Mittel

2. Pädagogische Arbeit:
    - Aufbau bzw. Weiterentwicklung der pädagogischen Konzeption mit dem Team
    - Pädagogische Planung mit dem Team
    - Diskussion und Reflexion der pädagogischen Arbeit mit dem Team vor dem Hintergrund der aktuellen pädagogischen Fachdiskussion

3. Personalführung:
    - Organisation und Leitung des Gesamtteams
    - Gestaltung des Dienstplans und Überwachung der Arbeitszeit der Mitarbeiterinnen
    - Betreuung, Motivation und fachliche Beratung der Mitarbeiterinnen

4. Betriebsführung und Organisation:
    - Aufnahme der Kinder
    - Gestaltung des Dienstplans

▶

- Durchführung von Verwaltungsaufgaben
- Umsetzung der einschlägigen Sicherheitsvorschriften

5. Zusammenarbeit mit den Eltern:
   - Durchführung von Elternveranstaltungen
   - Umfassende Information der Eltern
   - Beratung und Unterstützung des Elternbeirats

6. Zusammenarbeit mit Behörden und Institutionen:
   - Kooperation mit anderen sozialen Diensten
   - Kooperation mit Ausbildungseinrichtungen
   - Kooperation mit verbandlichen Gremien

Entscheidungsbefugnisse
- Letztverantwortung für alle Entscheidungen im Rahmen der vom Träger übertragenen Aufgaben,
- Dienstplangestaltung (Dienstplan, Überstunden, Urlaubsplanung, gruppenübergreifender Personaleinsatz),
- Pädagogische Entscheidungen, insbesondere in Konfliktsituationen oder bei Unklarheiten,
- Budgetverantwortung und
- Platzvergabe in Absprache mit dem Träger.

Mitgeltende Unterlagen
Stellenbeschreibung
Verbandliche bzw. kommunale Vorgabedokumente

Freigegeben am:	Unterschrift:	Nächste Überprüfung am:

Gruppenleitung	STRUK-QS 3

Verantwortungsbereich
Die Gruppenleitung trägt die Verantwortung für die pädagogische Arbeit in ihrer Gruppe, insbesondere für die Umsetzung der Konzeption im pädagogischen Alltag, die dazugehörigen Elternkontakte, die Vollständigkeit der Dokumentationsunterlagen und die Umsetzung der Teambeschlüsse.

Aufgaben
- Sicherstellen der Umsetzung der Konzeption auf Gruppenebene,
- Moderation des Gruppenteams,
- Koordination der Aufgabenverteilung im Gruppenteam,
- Anleitung von Praktikant/innen,
- Pflege des Dokumentationssystems,
- Planung und Durchführung der Elternarbeit.

Entscheidungsbefugnisse
- Letztverantwortung für alle die Gruppe betreffenden Entscheidungen,
- Arbeitsaufteilung im Gruppenteam,
- pädagogische Entscheidungen bei Konfliktsituationen und Unsicherheiten,
- Entscheidung über Materialanschaffung sowie Verwaltung des Gruppenetats.

Mitgeltende Unterlagen
Stellenbeschreibung
Verbandliche bzw. kommunale Vorgabedokumente

Freigegeben am:	Unterschrift:	Nächste Überprüfung am:

Pädagogische Fachkraft/Zweitkraft	STRUK-QS 4

Verantwortungsbereich

Der Verantwortungsbereich der pädagogischen Fachkraft in Absprache mit der Gruppenleitung umfasst die pädagogische Arbeit mit dem einzelnen Kind, einer Teilgruppe oder der gesamten Kindergruppe sowie die dazugehörigen Elternkontakte. Dazu kommen individuelle gruppenübergreifende Aufgabenbereiche entsprechend der Aufgabenteilung im Gesamtteam.

Aufgaben

- Vorbereitung, Durchführung und Reflexion pädagogischer Angebote,
- Beobachtung und Lenkung der Gruppe während des Freispiels,
- Beobachtung und Einschätzung des Entwicklungsstands der einzelnen Kinder,
- Austausch und Weitergabe von Informationen an die Teamkolleginnen,
- Dokumentation der Leistungserbringung,
- Mitarbeit bei der Vorbereitung und Durchführung von Elterngesprächen,
- Vertretung der Gruppenleitung nach Absprache.

Entscheidungsbefugnisse

- Pädagogische Entscheidungen in konkreten Einzelsituationen sowie
- Entscheidungen im Rahmen der Übertragung spezifischer Arbeitsaufträge bzw. Aufgabenbereiche.

Mitgeltende Unterlagen

Stellenbeschreibung
Verbandliche bzw. kommunale Vorgabedokumente

Freigegeben am:	Unterschrift:	Nächste Überprüfung am:

Gesamtteam STRUK-QS 5

Zusammensetzung
Das Gesamtteam umfasst alle pädagogischen Mitarbeiterinnen und Praktikantinnen. Sitzungen im Gesamtteam finden regelmäßig statt. Sie dauern maximal zwei Stunden.

Aufgaben
1. Konstruktion und Weiterentwicklung des Dienstleistungsangebots, der pädagogischen Konzeption und der einzelnen Leistungen,
2. Sicherung und Weiterentwicklung der Gesamtqualität der Einrichtung,
3. Diskussion fachlicher Entwicklungen,
4. Organisation, Planung und Koordination gemeinsamer Vorhaben,
5. Pflege und Weiterentwicklung einer gemeinsamen Teamkultur,
6. Diskussion von Anregungen und Impulsen aus Fortbildungsveranstaltungen.

Zuständigkeit und Mitverantwortung
- Weiterentwicklung einzelner Elemente der Einrichtungskonzeption,
- Entwicklung einrichtungsübergreifender Qualitätsstandards,
- Festlegen von übergreifenden Themen und Veranstaltungen,
- Delegation von Aufgaben an Teilgruppen.

Entscheidungen im Gesamtteam werden nach dem Mehrheitsprinzip herbeigeführt. Bei Stimmengleichheit entscheidet die Stimme der Leitung. Dem Träger bzw. der Leiterin steht ein Vetorecht zu.

Verantwortung/Moderation
Leitung

Protokollführung
Teammitglieder im Wechsel

▶

Mitgeltende Unterlagen
DOK 12: Teamsitzung
Geschäftsordnung des Trägers
Verbandliche bzw. kommunale Vorgaben

Freigegeben am:	Unterschrift:	Nächste Überprüfung am:

Gruppenteam STRUK-QS 6

Zusammensetzung
Das Gruppenteam besteht aus Gruppenleitung und den Gruppenmitarbeiterinnen. Sitzungen des Gruppenteams finden wöchentlich einmal statt. Sie dauern etwa eine Stunde.

Aufgaben
1. Sicherung und Weiterentwicklung der Gesamtqualität auf Gruppenebene,
2. Besprechung der Aufgabenverteilung im Team,
3. Planung, Durchführung und Reflexion der pädagogischen Arbeit,
4. Planung, Durchführung und Reflexion der Elternarbeit,
5. gegenseitiger Austausch über das Gruppengeschehen sowie
6. Fallbesprechungen.

Zuständigkeit und Entscheidungsbefugnisse
- Gestaltung der pädagogischen Arbeit im Gruppenalltag,
- Gestaltung der Elternarbeit/Elterngespräche im Gruppenrahmen,
- Förderung von Kindern mit besonderen Problemen.

Entscheidungen im Gruppenteam werden nach dem Mehrheitsprinzip herbeigeführt. Bei Stimmengleichheit entscheidet die Stimme der Gruppenleitung. Der Leitung steht ein Vetorecht zu.

Verantwortung/Moderation
Gruppenleitung

Protokollführung
Teammitglieder im Wechsel

Mitgeltende Unterlagen
Geschäftsordnung des Trägers
Verbandliche bzw. kommunale Vorgaben

Freigegeben am:	Unterschrift:	Nächste Überprüfung am:

Mitarbeiterinnenauswahl **STRUK-QS 7**

Begriffsbestimmung
Die Mitarbeiterinnenauswahl beschreibt das Verfahren der bewussten und fairen Auswahl neuer Mitarbeiterinnen. Es dient der Sicherung einer hohen Fachlichkeit der Arbeit und einer optimalen Teamkultur.

Ziele
Eine bewusst gestaltete und sorgfältig durchgeführte Auswahl der Mitarbeiterinnen

- erlaubt eine hohe Kontinuität der pädagogischen Arbeit,
- sichert die Kontinuität der Arbeit und eine hohe Gesamtqualität des Kindergartens und
- fördert ein gutes Betriebsklima.

Vorbereitung und Durchführung
Die Auswahl der Mitarbeiterinnen erfolgt in folgenden Schritten:
1. Klärung des Anforderungsprofils der zu besetzenden Stelle,
2. detaillierte Stellenausschreibung,
3. Durchsicht der Bewerbungsunterlagen durch die Leitung und ein Teammitglied,
4. Einladung von ausgewählten Bewerberinnen zu Vorstellungsgespräch und Probearbeit,
5. Vorstellung der verschiedenen Bewerberinnen im Team,
6. Begründung der ausgewählten Bewerberin zur Vorlage beim Träger,
7. Entscheidung durch den Träger.

Pädagogische Werthaltung
Die Leitung
- wählt die ins engere Verfahren kommende Bewerberinnen gezielt aus,
- verhält sich gegenüber den Bewerberinnen offen und fair und unterstützt sie sowohl im Bewerbungsgespräch als auch bei der Probearbeit,

▶

- diskutiert über die Qualität der verschiedenen Bewerberinnen frei von persönlichen Beziehungen.

Mitgeltende Unterlagen
STRUK-QS 2 bis 4: (Verantwortungsbereiche der Leitung, Gruppenleitung, Pädagogische Fachkraft/Zweitkraft)

Freigegeben am:	Unterschrift:	Nächste Überprüfung am:

Mitarbeiterinnengespräch	STRUK-QS 8

Definition
Das Mitarbeitergespräch ist ein Führungsinstrument. Es dient dem gemeinsamen Austausch zwischen Leiterin und Mitarbeiterin über die aktuelle Situation in der Einrichtung, der konkreten beruflichen Situation sowie möglicher Zukunftsperspektiven.

Ziele
Das Mitarbeitergespräch dient
- der gegenseitigen Information von Mitarbeiterin und Leitung,
- der Vereinbarung konkreter Ziele,
- der zielgerichteten Planung und Unterstützung der beruflichen Weiterentwicklung der Mitarbeiterin,
- zur Unterstützung und Motivation der Mitarbeiterin und
- zur Förderung des Arbeitsklimas und der Teamkultur.

▶

Vorbereitung, Durchführung, Nachbereitung

Das Mitarbeitergespräch findet einmal jährlich statt. Bei Bedarf (zum Beispiel Ende der Probezeit einer Praktikantin, Wunsch der Mitarbeiterin) können auch mehrere Gespräche stattfinden. Den Zeitpunkt legt die Leitung fest und teilt ihn mindestens eine Woche vorher der Mitarbeiterin mit. In der Vorbereitung des Gespräches reflektieren die Gesprächspartner kritisch die aktuelle Arbeitssituation zu folgenden Aspekten:

- Einrichtungs- und gruppenspezifische Ziele und Ergebnisse der pädagogischen Arbeit (Verhalten der Mitarbeiterin im Kontakt mit Kindern und Eltern, Umsetzung des pädagogischen Konzeptes),
- Situation der Mitarbeiterin (Aufgaben und Verantwortlichkeiten, Kompetenzen und Fähigkeiten, persönliche Vorstellungen zur beruflichen Weiterentwicklung),
- Zusammenarbeit im Team (Rolle der Mitarbeiterin im Team, Zusammenarbeit in gruppenübergreifenden Aufgabenstellungen) sowie
- die Zusammenarbeit mit der Leitung (Verhalten der Mitarbeiterin zur Leitung, Loyalität).

Richtzeit für die Gesprächsdauer ist etwa eine Stunde. Die Inhalte des Mitarbeitergesprächs orientieren sich an oben genannten Aspekten. Die Leitung trägt die Verantwortung dafür, dass alle Aspekte gleichermaßen beleuchtet werden. Das Gespräch findet in angenehmer räumlicher Atmosphäre statt. Die Ergebnisse des Gespräches (zentrale Aussagen und vereinbarte Ziele) werden anschließend im Protokollbogen dokumentiert und von den Gesprächspartnern unterzeichnet. Getroffene Vereinbarungen sind für beide Gesprächspartner verbindlich.

Pädagogische Werthaltung

Die Beteiligten

- bemühen sich um Sachlichkeit, gegenseitige Wertschätzung und Akzeptanz,

- tragen zu einer angenehmen Gesprächsatmosphäre und zum Gelingen des Gespräches bei und
- verpflichten sich, über die persönlichen Inhalte des Gespräches Stillschweigen zu bewahren (dies gilt nicht gegenüber dem Träger, soweit es dienstliche Belange betrifft).

Mitgeltende Unterlagen
DOK 14: Mitarbeitergespräch
STRUK-QS 9: Mitarbeiterinnenfortbildung
EVA-QS 12: Fortbildungsmaßnahmen

Freigegeben am:	Unterschrift:	Nächste Überprüfung am:

Mitarbeiterinnenfortbildung STRUK-QS 9

Begriffsklärung
Unter Mitarbeiterinnenfortbildung werden alle Maßnahmen verstanden, die der Fort- und Weiterbildung des gesamten Personals des Kindergartens dienen. Diese Maßnahmen können sich sowohl auf einzelne Mitarbeiterinnen als auch auf eine Teilgruppe oder das gesamte Team beziehen.

Ziele
Die Maßnahmen zur Mitarbeiterinnenfortbildung dienen insbesondere
- der Sicherung eines einheitlichen Informationsstandes aller Mitarbeiterinnen über neue Entwicklungen bezüglich pädagogischer, methodischer und struktureller Aspekte der Kindergartenpädagogik,

▶

- der Sicherung und kontinuierlichen Erweiterung des Fachwissens und der Fachkompetenz aller Mitarbeiterinnen sowie
- der Ausbildung spezifischer Kompetenzen in ausgewählten Fachbereichen (zum Beispiel Frühförderung, musikalische Erziehung etc.).

Durchführung

Jährlich erfolgt im Rahmen der Mitarbeiterinnengespräche und der Jahresgesamtplanung die Ermittlung des Fortbildungsbedarfes durch die Leiterin in tabellarischer Übersicht:

Name	Persönliche/ fachliche Interessen	Einrichtungsübergreifende Aspekte
Martina	Gesprächsführung Moderation Werken in der Holzwerkstatt	• Projektarbeit • Situationsansatz
Jutta	Montessori-Pädagogin Frühfördermaßnahmen	• Kinderkonferenz
Eva	Elternarbeit	

Vor diesem Hintergrund werden dann die einschlägigen Fortbildungsprogramme durchgesehen. Die Mitarbeiterinnen wählen die für sie interessanten Veranstaltungen aus und besprechen ihre Wahl anschließend mit der Leiterin.

Pädagogische Werthaltung

Mitarbeiterin und Leiterin achten darauf,
- dass persönlich-fachliche und organisationale Interessen gleichermaßen Berücksichtigung finden und
- dass innovative Ideen und die Bereitschaft, etwas Neues zu erproben, besondere Berücksichtigung finden.

Mitgeltende Unterlagen		
STRUK-QS 7: Mtarbeiterinnengespräch		
Freigegeben am:	Unterschrift:	Nächste Überprüfung am:

Praktikantenanleitung   STRUK-QS 10

Begriffsklärung
Die Praktikantenanleitung bezieht sich auf alle im Kindergarten anwesenden Personen, die sich in der Ausbildung befinden. Alle Teammitglieder tragen dazu bei, dass die Ausbildung der Praktikantinnen optimal gelingt.

Ziele
Die Praktikantinnen
- lernen den Kindergarten im Hinblick auf seine konzeptionelle Gestalt kennen und verstehen,
- lernen wichtige Arbeitsabläufe kennen und übernehmen zunehmend Teilaspekte der Arbeit selbstverantwortlich,
- sammeln Erfahrungen in der praktischen Arbeit und nehmen die Gelegenheit zur Reflexion der eigenen Praxis wahr.

Durchführung
Alle Praktikantinnen erhalten eine Anleiterin zugewiesen. Diese führt die Praktikantin in die Grundlagen der Arbeit ein und verantwortet die gesamte Praxisanleitung. Regelmäßig wiederkehrende Elemente der Anleitung sind:

▶

- Gespräche zwischen Anleiterin und Praktikantin. Diese Gespräche finden wöchentlich statt und umfassen Planungs-, Reflexions- und Bilanzgespräche.
- Regelmäßige Hospitation der Praktikantin bei der Anleiterin.
- Regelmäßige Beobachtung der Anleiterin durch die Praktikantin. Die Praktikantin erhält immer wieder die Möglichkeit, die Anleiterin in ausgewählten Situationen zu beobachten. Diese Situationen werden vor- und nachbesprochen.

Pädagogische Werthaltung

Die Anleiterin
- geht auf die Persönlichkeit der Praktikantin ein,
- baut schrittweise ein Vertrauensverhältnis zur Praktikantin auf,
- zeigt eine klare Haltung, setzt Grenzen und vermeidet Bloßstellung,
- anerkennt die Leistungen der Praktikantin, spricht Lob aus und vermeidet überzogene Kritik,
- zeigt eine Vorbildhaltung und gibt auch eventuelle eigene Fehler zu.

Mitgeltende Unterlagen

STRUK-QS 2 bis 6: Verantwortungsbereiche

Freigegeben am:	Unterschrift:	Nächste Überprüfung am:

Öffentlichkeitsarbeit	STRUK-QS 11

Begriffsklärung

Öffentlichkeitsarbeit umfasst alle Formen der Präsentation des Kindergartens in Bild, Schrift oder im Rahmen von öffentlichen Darstellungen (Tag der offenen Tür etc.) und bei öffentlichen Auftritten (zum Beispiel Teilnahme am Bürgerfest o.Ä.).

Ziele

Ziel der Öffentlichkeitsarbeit ist es,
- dass Außenstehende den Kindergarten kennen lernen,
- ein positives Bild der Arbeit des Kindergartens erhalten und
- dem Kindergarten eine hohe Qualität und ein klares Profil beimessen.

Durchführung
- Entwicklung vielfältiger Materialien zur Präsentation der Einrichtung (Konzeptionsschrift, Qualitätshandbuch, Flyer, Werbematerialien etc.) und deren gezielte Verbreitung.
- Presseterminen und allen Formen der öffentlichen Darstellung in den Medien wird eine hohe Bedeutung beigemessen. Die Verantwortung dafür liegt bei der Leitung – in Absprache mit dem Träger.
- Mindestens einmal pro Jahr findet eine öffentliche Veranstaltung im Kindergarten statt, zu der die Medienvertreter/-innen eingeladen sind.
- Der Kindergarten nimmt als Ganzes oder mit Teilgruppen regelmäßig an städtischen oder verbandlichen Aktionen teil.
- Der Jahresbericht des Kindergartens wird der Öffentlichkeit in angemessener Form zur Verfügung gestellt.

Pädagogische Werthaltung

Leitung und Mitarbeiterinnen achten darauf, dass
- sie als Personen den Kindergarten positiv repräsentieren,
- das vorhandene Präsentationsmaterial anschaulich und attraktiv wirkt

▶

und stets auf dem neuesten Stand ist
- und bereiten öffentliche Auftritte, Pressegespräche etc. stets optimal vor.

Mitgeltende Unterlagen
STRUK-QS 2: Verantwortungsbereich Leitung
DOK 16: Öffentlichkeitsarbeit

| Freigegeben am: | Unterschrift: | Nächste Überprüfung am: |

| **Sicherheit** | **STRUK-QS 12** |

Begriffsklärung
Sicherheit umfasst alle Vorsorgemaßnahmen, die dem Schutz der Kinder und Mitarbeiterinnen in der Kindertageseinrichtung dienen.

Ziele
- Kinder, Eltern, Besucher und Mitarbeiter/-innen vor Verletzungen bewahren,
- vorausschauend potenzielle Gefahrenquellen erkennen und rechtzeitig beheben,
- bei Unfällen die bestmögliche Hilfestellung bieten und Wiederholungsgefahr durch gezielte Maßnahmen zur Abhilfe verhindern.

Durchführung
1. Regelmäßige Gebäudebegehung innen und außen mit und ohne Sicherheitsbeauftragten.
2. Umgehende Instandsetzung reklamierter Sicherheitsmängel.
3. Regelmäßig wiederkehrende Information der Kinder über mögliche Gefahrenquellen im Haus und im Garten.
4. Zusammen mit den Kindern werden verständliche Regelungen für das Verhalten in potenziell gefährlichen Bereichen (zum Beispiel auf der Bewegungsbaustelle) erarbeitet.
5. Sicherstellung der notwendigen Aufsichtspflicht durch die Erzieherinnen.
6. Durchführung regelmäßiger Schulungen im Bereich der Erste-Hilfe-Maßnahmen für das Personal.

Pädagogische Werthaltung
Alle Mitarbeiterinnen
- achten ständig darauf, dass sich alle Personen (Eltern, Kinder, Mitarbeiterinnen etc.) gefahrlos in der Kindertageseinrichtung bewegen können,
- weisen Kinder auf mögliche Gefahren hin und
- zeigen den Kindern, wie man in Gefahrensituationen adäquat handeln kann.

Mitgeltende Unterlagen
Vorschriften der zuständigen Unfallversicherung
Vorgaben der Sicherheitsbeauftragten
Regelungen zur Aufsichtspflicht
STRUK-QS 2 bis 6: Verantwortungsbereiche

Freigegeben am:	Unterschrift:	Nächste Überprüfung am:

Hygiene STRUK-QS 13

Begriffsklärung

Hygiene umfasst alle Maßnahmen, die der Gesundheit von Kindern, Eltern, Besuchern, Mitarbeiterinnen und deren Schutz vor Erkrankung dienen.

Ziele

- Die Kinder kennen mögliche Gefahrenquellen und deren gesundheitliche Auswirkungen.
- Die Mitarbeiterinnen kennen und beachten die allgemeinen Hygienevorschriften zur bestmöglichen Vorsorge.
- Die Kindertageseinrichtung erfüllt die technischen und baulichen Anforderungen bezüglich der allgemeinen Hygienevorschriften öffentlicher Einrichtungen.

Durchführung

1. Im Zusammenhang mit dem Aufnahmeverfahren ist die Eingangsuntersuchung für alle Kinder obligatorisch.
2. Bei ansteckenden Erkrankungen (Röteln, Masern etc.) wird das Gesundheitsamt umgehend informiert. Erkrankte Kinder können den Besuch der Kindertageseinrichtung erst wieder aufnehmen, wenn eine ärztliche Bescheinigung vom Arzt die Ansteckungsgefahr anderer ausschließt.
3. Im Rahmen des pädagogischen Konzeptes werden Kinder mit allgemeinen Maßnahmen hygienischer Vorsorge vertraut gemacht (Hände waschen nach dem Toilettengang).
4. In regelmäßigen Abständen werden die Mitarbeiterinnen über die Vorschriften der allgemeinen Hygienemaßnahmen informiert.
5. Im Rahmen regelmäßiger Begehungen wird die Kindertageseinrichtung kontinuierlich daraufhin überprüft, inwieweit technische und bauliche Einrichtungen den hygienischen Anforderungen noch entsprechen (zum Beispiel Sanitäreinrichtung, Küche, Sandkasten etc.).

Pädagogische Werthaltung

Alle Mitarbeiterinnen sind sich dessen bewusst, dass
- Kinder und Mitarbeiter/-innen in Kindertageseinrichtungen permanent gesundheitlichen Gefahren ausgesetzt sind,
- eine Ansteckung letztlich nicht ausgeschlossen werden kann,
- dass vielfältige Sinneserfahrungen sich in einer »klinischen« Umgebung nicht realisieren lassen und
- dass sorgfältige Vorsorgemaßnahmen – wo sie möglich und sinnvoll sind – zur Verhinderung gesundheitlicher Schäden und insbesondere zur Verhinderung der Ausbreitung von Krankheiten dienen.

Mitgeltende Unterlagen

Infektionsschutzgesetz
Bestimmungen des Gesundheitsamtes

Freigegeben am:	Unterschrift:	Nächste Überprüfung am:

3. Evaluationsverfahren
(Beispiele aus der Praxis)

Qualitätshandbuch Band II

- Pädagogische Qualitätsstandards
- Strukturelle Standards und Vorgaben
- **Evaluationsverfahren**
- Dokumentationssystem

Elternfragebögen

Öffnungszeiten	EVA-QS 1
Allgemein	EVA-QS 2
Entlassung	EVA-QS 3

Mitarbeiter/-innenfragebögen EVA-QS 4

Fachlich/Pädagogische Qualität

Auswertung der Raum-/Materialqualität	EVA-QS 5
Auswertung der pädagogischen Angebote	EVA-QS 6
Auswertung der schulvorbereitenden Maßnahmen	EVA-QS 7
Auswertung der förderlichen Erzieherinnenverhaltens	EVA-QS 8

Beschwerdemanagement EVA-QS 9

Managementbewertung EVA-QS 10

Fortbildungsmaßnahmen EVA-QS 11

Elternfragebogen Öffnungszeiten EVA-QS 1

Fragen bezüglich der Angemessenheit der Öffnungszeiten werden in jedem Jahr erneut gestellt. Deren Auswertung dient einer schnellen Anpassung der Öffnungszeiten an den Bedarf.

1. **Entsprechen unsere Öffnungszeiten Ihren Wünschen**
   eher ja ❑   eher nein ❑

   Wenn eher nein, welche zusätzlichen Zeiten benötigen Sie?
   .... am Morgen
   .... am Nachmittag/Abend

2. **Wird Ihr Kind regelmäßig außerhalb der Familie noch anderswo als in der Kindertageseinrichtung betreut?**
   nein ❑
   ja, bei Verwandten ❑
   ja, von einer Tagesmutter ❑
   ja, bei Freunden/Nachbarn/Bekannten ❑
   ja, bei ....

   Wenn ja, in welcher Zeit regelmäßig?
   ....

   Wenn ja, würden Sie Ihr Kind in dieser Zeit lieber von uns betreuen lassen?
   ja ❑
   nein ❑

3. **Bereitet Ihnen die Betreuung Ihres Kindes während unserer Betriebsferien Probleme?**
   ja ❑
   nein ❑

▶

4. Sind die Bring- und Abholzeiten unserer Einrichtung Ihrer Meinung nach flexibel genug?

   ja ❏

   nein ❏

5. Was können wir Ihrer Meinung nach tun, um Öffnungszeiten, Ferienschließzeiten sowie Bring- und Abholzeiten zu verbessern?

   ....

   ....

   ....

Freigegeben am:	Unterschrift:	Nächste Überprüfung am:

Elternfragebogen Allgemein EVA-QS 2

Eine umfassende Elternbefragung wird alle drei Jahre zeitgleich mit der Mitarbeiter/-innenbefragung durchgeführt. Sie dient der umfassenden Erhebung der Zufriedenheit der Eltern.

I. Allgemeine Angaben

1. Alter Ihres Kindes .... Jahre
2. Geschlecht Ihres Kindes ❏ männlich ❏ weiblich
3. Seit wann besucht Ihr Kind diesen Kindergarten? ....

▶

II. Wie beurteilen Sie den Kindergarten?

Wie zufrieden sind Sie mit der pädagogischen Arbeit und dem Angebot Ihres Kindergartens? Bitte antworten Sie aufgrund Ihrer persönlichen Erfahrung mit der Gruppe Ihres Kindes und den Erzieherinnen dieser Gruppe. Mit Erzieherin werden im Folgenden alle pädagogischen Mitarbeiterinnen bezeichnet, unabhängig von ihrer jeweiligen Ausbildung.

1. Wie zufrieden sind Sie mit der Förderung Ihres Kindes im Kindergarten in Bezug auf:

		sehr	ziemlich	teils/teils	weniger	nicht
1.1	Selbstständigkeit	❑	❑	❑	❑	❑
1.2	Soziales Verhalten	❑	❑	❑	❑	❑
1.3	Vorbereitung auf die Schule	❑	❑	❑	❑	❑
1.4	Sprache und Ausdrucksfähigkeit	❑	❑	❑	❑	❑
1.5	Wissen, Lernen, Denken	❑	❑	❑	❑	❑
1.6	Religiöse Erziehung	❑	❑	❑	❑	❑
1.7	Emotionales »Wohlfühlen« im Alltag	❑	❑	❑	❑	❑
1.8	Bewegung, körperliche Fitness und Wohlbefinden	❑	❑	❑	❑	❑

Wenn Sie nun alles zusammenfassen, was Sie für die fachliche Arbeit eines Kindergartens für wichtig halten: **Wie zufrieden sind Sie insgesamt** mit der pädagogischen Arbeit in der Gruppe Ihres Kindes?

sehr	ziemlich	teils/teils	weniger	nicht
❑	❑	❑	❑	❑

2. Wie zufrieden sind Sie mit dem Verhalten der Erzieherinnen gegenüber den Kindern?

	sehr	ziemlich	teils/teils	weniger	nicht
2.1 Wie zufrieden sind Sie mit der Unterstützung Ihres Kindes durch die Erzieherinnen?	❑	❑	❑	❑	❑
2.2 Wie zufrieden sind Sie mit der Atmosphäre in der Gruppe Ihres Kindes?	❑	❑	❑	❑	❑

3. Wie zufrieden sind Sie mit der Zusammenarbeit zwischen Erzieherinnen und Eltern in Ihrem Kindergarten?

	sehr	ziemlich	teils/teils	weniger	nicht
3.1 Wie zufrieden sind Sie mit der Information über den Entwicklungsstand Ihres Kindes?	❑	❑	❑	❑	❑
3.2 Wie zufrieden sind Sie mit Ihren Beteiligungs- und Mitsprachemöglichkeiten im Kindergarten?	❑	❑	❑	❑	❑
3.3 Wie zufrieden sind Sie mit den Veranstaltungen für und mit Eltern?	❑	❑	❑	❑	❑

	sehr	ziemlich	teils/teils	weniger	nicht
3.4 Wie zufrieden sind Sie mit der Entlastung und Unterstützung, die Sie durch den Kindergarten bei der Betreuung und Erziehung Ihres Kindes erhalten?	❑	❑	❑	❑	❑

3.5 Wie zufrieden sind Sie mit dem Verhalten der Erzieherinnen in Bezug auf:

	sehr	ziemlich	teils/teils	weniger	nicht
Höflichkeit	❑	❑	❑	❑	❑
Pünktlichkeit	❑	❑	❑	❑	❑
Zuverlässigkeit	❑	❑	❑	❑	❑
3.6 Alles in allem: Wie zufrieden sind Sie mit der Zusammenarbeit zwischen Erzieherinnen und Eltern in Ihrem Kindergarten?	❑	❑	❑	❑	❑

4. Wie zufrieden sind Sie mit den Rahmenbedingungen in Ihrem Kindergarten in Bezug auf:

	sehr	ziemlich	teils/teils	weniger	nicht
Gestaltung der Räume	❑	❑	❑	❑	❑
Spiel- und Materialangebot	❑	❑	❑	❑	❑
Öffnungszeiten	❑	❑	❑	❑	❑
Fachkompetenz des Personals	❑	❑	❑	❑	❑
Personelle Besetzung	❑	❑	❑	❑	❑

▶

5. Welchen Ruf hat Ihr Kindergarten in der Öffentlichkeit?
Der Ruf unseres Kindergartens ist:
❏ sehr gut ❏ eher gut ❏ mittelmäßig ❏ eher schlecht ❏ schlecht

III. Ergänzende Angaben
Wir bitten Sie abschließend um einige ergänzende Angaben. Diese sollen uns helfen, einen Überblick über die Zusammensetzung der Elternschaft des Kindergartens zu erhalten.

1. Sind Sie allein erziehend ❏ ja ❏ nein
Wenn ja, füllen Sie bitte bei den folgenden Fragen nur die für Sie entsprechende Spalte aus.

2. Sind Sie berufstätig oder befinden Sie sich in einer Ausbildung?

Mutter: ❏ ja ❏ nein   Vater: ❏ ja ❏ nein

Falls ja, bitte weiter mit Frage 2.1., falls nein, weiter mit Frage 3.

2.1 In welchem zeitlichen Rahmen üben Sie Ihre Berufstätigkeit/Ausbildung aus?

Mutter: ❏ ganztägig ❏ Teilzeit   Vater: ❏ ganztägig ❏ Teilzeit

3. Welchen allgemein bildenden Schulabschluss besitzen Sie?

Mutter: ❏ Hauptschulabschluss ❏ Mittlere Reife
 ❏ (Fach-)Abitur ❏ kein Abschluss

Vater: ❏ Hauptschulabschluss ❏ Mittlere Reife
 ❏ (Fach-)Abitur ❏ kein Abschluss

4. Welcher Nationalität gehört Ihr Kind an? ....

5. Welches ist die Muttersprache Ihres Kindes? ....

6. Wie viele Geschwister hat Ihr Kind? ....

... und hier ist noch Platz für Anmerkungen, Wünsche, Anregungen und Kritik:

....

....

....

....

Freigegeben am:	Unterschrift:	Nächste Überprüfung am:

Elternfragebogen Entlassung **EVA-QS 3**

Liebe Eltern,

in wenigen Wochen wird Ihr Kind unsere Einrichtung verlassen. Gerne möchten wir diese Gelegenheit wahrnehmen, Ihnen noch einige Fragen zu stellen, die uns helfen können, die pädagogische Arbeit in unserem Kindergarten auch in der Zukunft weiterzuentwickeln.

Bitte füllen Sie den Fragebogen aus und geben Sie ihn an uns zurück.

Wie zufrieden sind Sie abschließend mit ...

	nicht zufrieden	weniger zufrieden	teils/teils	zufrieden	sehr zufr.
... der Entwicklung Ihres Kindes während der gesamten Kindergartenzeit	❑	❑	❑	❑	❑

	nicht zufrieden	weniger zufrieden	teils/teils	zufrieden	sehr zufr.
... der Förderung, die Ihr Kind durch den Kindergarten erhalten hat?	❑	❑	❑	❑	❑
... der gesamten pädagogischen Arbeit im Kindergarten?	❑	❑	❑	❑	❑
... der Zusammenarbeit zwischen Eltern und Kindergarten?	❑	❑	❑	❑	❑
... dem Personal unseres Kindergartens?	❑	❑	❑	❑	❑
... unserem Kindergarten insgesamt?	❑	❑	❑	❑	❑

... und hier ist noch Platz für Anmerkungen, Wünsche, Anregungen und Kritik

....

....

....

....

Wir danken Ihnen für die vertrauensvolle Zusammenarbeit und wünschen Ihnen und Ihrem Kind auf seinem weiteren Lebensweg alles Gute.

Ihr Kindergartenteam

Freigegeben am:	Unterschrift:	Nächste Überprüfung am:

Mitarbeiterinnenfragebogen   **EVA-QS 4**

Der nachstehend angefügte Mitarbeiterfragebogen wird in dreijährigem Abstand parallel zum Elterngesamtfragebogen verteilt und anonym ausgewertet.

I. Arbeitsbedingungen

1. Wie beurteilen Sie Ihre Arbeitsbedingungen?
Bitte bewerten Sie, ob und inwieweit die folgenden Aussagen zutreffen oder nicht:

		trifft zu	teils/teils	trifft nicht zu
1.1	In unserem Kindergarten werden die Mitarbeiterinnen dazu motiviert, Ideen und Vorschläge einzubringen.	❑	❑	❑
1.2	Ich habe ein gutes Verhältnis zu meiner Leiterin.	❑	❑	❑
1.3	Ich habe ein gutes Verhältnis zu meinen Kolleginnen.	❑	❑	❑
1.4	Ich stehe hinter meiner Arbeit und meinem Kindergarten.	❑	❑	❑
1.5	Wir Mitarbeiterinnen werden bei Entscheidungen angemessen beteiligt.	❑	❑	❑
1.6	Alle notwendigen Informationen werden durch die Leiterin rechtzeitig und in übersichtlicher Form an uns weitergegeben.	❑	❑	❑
1.7	Ich kann in meinem Arbeitsbereich viele Entscheidungen selbstständig treffen.	❑	❑	❑
1.8	Bei uns sind Kompetenzen und Verantwortung klar verteilt.	❑	❑	❑
1.9	Auf Fort- und Weiterbildung wird in unserem Kindergarten großer Wert gelegt.	❑	❑	❑

▶

2. Gibt es derzeit eines oder mehrere der folgenden Probleme in Ihrem Kindergarten?

	ja	nein
Überbelastung	❏	❏
Keine Aufstiegsmöglichkeiten	❏	❏
Personalmangel	❏	❏
Mangelnde Fortbildung	❏	❏
Schlechtes Betriebsklima	❏	❏
Schlechte Arbeitsbedingungen	❏	❏
Mangelnde Information	❏	❏
Organisationsprobleme	❏	❏
Fehlende Motivation	❏	❏

3. Alles in allem, wie zufrieden sind Sie insgesamt mit Ihren Arbeitsbedingungen?

sehr	teils/teils	nicht
❏	❏	❏

II. Qualität des Kindergartens

1. Wie beurteilen Sie die Förderung von Kindern in Ihrem Kindergarten in Bezug auf:

	sehr gut	gut	mittelmäßig	eher schlecht	schlecht
1.1 Selbstständigkeit	❏	❏	❏	❏	❏
1.2 Soziales Verhalten	❏	❏	❏	❏	❏
1.3 Vorbereitung auf die Schule	❏	❏	❏	❏	❏
1.4 Sprache/Ausdrucksfähigkeit		❏	❏	❏	❏
1.5 Wissen, Lernen, Denken	❏	❏	❏	❏	❏
1.6 Religiöse Erziehung	❏	❏	❏	❏	❏
1.7 Emotionales »Wohlfühlen« im Alltag	❏	❏	❏	❏	❏
1.8 Bewegung, körperliche Fitness und Wohlbefinden	❏	❏	❏	❏	❏

Wenn Sie nun alles zusammenfassen, was Sie für die fachliche Arbeit eines Kindergartens für wichtig halten: **Wie zufrieden sind Sie** mit der Qualität der Förderung insgesamt?

	sehr gut	gut	mittel- mäßig	eher schlecht	schlecht
	❏	❏	❏	❏	❏

2. Wie beurteilen Sie Ihr eigenes Verhalten gegenüber den Kindern?

	sehr gut	gut	mittel- mäßig	eher schlecht	schlecht
2.1 Freundlichkeit, Unterstützung und Zuwendung für die Kinder	❏	❏	❏	❏	❏
2.2 Die Atmosphäre in Ihrer Gruppe	❏	❏	❏	❏	❏

3. Wie beurteilen Sie in Ihrem Kindergarten die Qualität der Zusammenarbeit mit den Eltern?

	sehr gut	gut	mittel- mäßig	eher schlecht	schlecht
3.1 Information der Eltern	❏	❏	❏	❏	❏
3.2 Mitwirkungsmöglichkeiten der Eltern	❏	❏	❏	❏	❏
3.3 Veranstaltungen für und mit Eltern?	❏	❏	❏	❏	❏
3.4 Entlastung und Unterstützung der Eltern bei der Betreuung und Erziehung ihres Kindes?	❏	❏	❏	❏	❏
3.5 Ihr eigenes Verhalten im Umgang mit den Eltern (Höflichkeit, Pünktlichkeit, Zuverlässigkeit)	❏	❏	❏	❏	❏
3.6 Alles in allem, wie gut ist die Zusammenarbeit mit den Eltern in Ihrem Kindergarten?	❏	❏	❏	❏	❏

▶

4. Wie beurteilen Sie die Rahmenbedingungen in Ihrem Kindergarten in Bezug auf:

	sehr gut	gut	mittelmäßig	eher schlecht	schlecht
Raumsituation und -gestaltung	❑	❑	❑	❑	❑
Spiel- und Materialangebot	❑	❑	❑	❑	❑
Öffnungszeiten	❑	❑	❑	❑	❑
Fachkompetenz des Personals	❑	❑	❑	❑	❑
Personelle Besetzung	❑	❑	❑	❑	❑

5. Wenn Sie nun alles zusammenfassen, was Sie für die fachliche Arbeit eines Kindergartens für wichtig halten: Wie beurteilen Sie insgesamt die Qualität der pädagogischen Arbeit in Ihrem Kindergarten?

sehr gut	gut	mittelmäßig	eher schlecht	schlecht
❑	❑	❑	❑	❑

6. Welchen Ruf hat Ihr Kindergarten in der Öffentlichkeit?

sehr gut	gut	mittelmäßig	eher schlecht	schlecht
❑	❑	❑	❑	❑

... und hier ist Platz für Anmerkungen, Wünsche, Anregungen und Kritik:

....

....

....

....

Freigegeben am:	Unterschrift:	Nächste Überprüfung am:

Auswertung der Raum-/Materialqualität EVA-QS 5

Ziel
Sicherung einer hohen Qualität bezüglich der Raumgestaltung und der Materialauswahl

Verfahren
Regelmäßig im November und April erhält eine Mitarbeiterin die Aufgabe, die einzelnen Räume anhand der vorliegenden Qualitätsstandards zu bewerten und dann jeweils dem Gesamtteam ein Feedback zu geben:

Gesamteindruck der Raum-/Materialqualität bezüglich
a) Anregungsgehalt für Kinder,
b) Aktualität/Situationsbezogenheit,
c) Kreativität.

Dokumentation
Die Ergebnisse werden schriftlich festgehalten und im Ordner »Evaluationsverfahren« abgelegt.

Raum	Einschätzung	Verbesserungsmaßnahmen	Realisierung
Gruppenraum A	a) b) c)		
Gruppenraum B	a) b) c)		
Nebenraum C	a) b) c)		

▶

Auswertung im Team

Die Ergebnisse werden im Team dargestellt, und zwar unter besonderer Berücksichtigung

- von ausgewählten Beispielen einer besonders gelungenen Raumgestaltung,
- mit Verbesserungsvorschlägen in Bezug auf einzelne Räume bzw. Materialangebote und
- mit allgemeinen Vorschlägen zur Sicherung der hohen Qualität des Raum-/Materialangebotes.

Freigegeben am:	Unterschrift:	Nächste Überprüfung am:

Auswertung der pädagogischen Angebote	EVA-QS 6

Ziel

Die Auswertung der pädagogischen Angebote dient der Sicherstellung einer inhaltlichen Vielfalt und einer hohen fachlichen Qualität.

Verfahren

Die pädagogischen Angebote werden summarisch nach folgendem Schema zusammengefasst:

Zeit	Ort	Thema	Anzahl der Teilnehmer	Bewertung (++/+/−/−−)

Ein- bis zweimal pro Jahr werden die Angebote dann nach Themenschwerpunkten ausgewertet.

Bereich	Anzahl	Inhalte	Bewertung
Angebote im Bereich Basteln/Werken/Technik			
Angebote im Breich Malen/Formen/Gestalten			
Angebote im Bereich Musik			
Angebote im Bereich Bewegung			
Sonstige Angebote			
Angebote insgesamt			

Im Gesamtteam werden die einzelnen Gruppenergebnisse verglichen und auf mögliche Schwerpunktverlagerungen im neuen Jahr überprüft.

Freigegeben am:	Unterschrift:	Nächste Überprüfung am:

Auswertung der schulvorbereitenden Maßnahmen — EVA-QS 7

Ziel

Die Auswertung dient zur Sicherstellung der optimalen Schulvorbereitung aller Kinder.

Verfahren

Die folgende Checkliste zur Überprüfung der schulvorbereitenden Maßnahmen ist jeweils am Ende eines Kindergartenjahres durchzugehen.

Raumgestaltung und Freispiel	++	+	+/–	–	– –
Es ist ausreichend anregendes und anspruchsvolles Spielmaterial für Vorschulkinder (über 6-Jährige) vorhanden.	❏	❏	❏	❏	❏
Es sind Elemente / Medien aus der Schule vorhanden (Tafel, Setzkasten, Schultasche …).	❏	❏	❏	❏	❏
Es gibt ein Regal oder Fach mit Angeboten für Vorschulkinder.	❏	❏	❏	❏	❏
Die Vorschulkinder erledigen alle Aufgaben und Aufträge im Kindergarten selbstständig (abspülen, etwas besorgen, telefonieren, Tee kochen …).	❏	❏	❏	❏	❏
Die Vorschulkinder übernehmen verantwortlich Aufgaben (Blumen, Telefon, Einkaufen …).	❏	❏	❏	❏	❏
Die Vorschulkinder bewegen sich selbstständig in allen Räumen und im Garten.	❏	❏	❏	❏	❏
Die Vorschulkinder können im Kindergarten »Schule« spielen.	❏	❏	❏	❏	❏
Die Vorschulkinder finden eine Experimentierecke oder eine Werkbank vor.	❏	❏	❏	❏	❏
Vorschulkinder haben bestimmte Privilegien (Übernachtung im Kindergarten …)	❏	❏	❏	❏	❏

Angebote   ++ + +/− − −−

Die Angebote für Vorschulkinder orientieren sich
an deren Interessen/Themen.   ❏ ❏ ❏   ❏ ❏

Die Angebote für Vorschulkinder beziehen die
Öffentlichkeit (Eltern, Umgebung ...) mit ein.   ❏ ❏ ❏   ❏ ❏

Die Angebote für Vorschulkinder werden mit den
Vorschulkindern geplant und durchgeführt.   ❏ ❏ ❏   ❏ ❏

Die Angebote für Vorschulkinder decken
insbesondere folgende Schwerpunkte ab:

Zusammenarbeit mit den Eltern: ++ + +/− − −−

Die Eltern sind über den Entwicklungsstand
ihres Vorschulkindes informiert.   ❏ ❏ ❏   ❏ ❏

Die Angebote zur Schulvorbereitung sind für
Eltern sichtbar.   ❏ ❏ ❏   ❏ ❏

Die Eltern wissen, welche Fähigkeiten in der
Schule erforderlich sind.   ❏ ❏ ❏   ❏ ❏

Es findet jährlich ein Elternabend zum Thema
»Schulfähigkeit« statt.   ❏ ❏ ❏   ❏ ❏

Zusammenarbeit mit der Schule: ++ + +/− − −−

Die Vorschulkinder kennen ihre Schule/ihre
Klassenlehrerin.   ❏ ❏ ❏   ❏ ❏
Die Vorschulkinder kennen den Schulweg.   ❏ ❏ ❏   ❏ ❏

Die Vorschulkinder haben einen Tagesablauf in
der Schule miterlebt.   ❏ ❏ ❏   ❏ ❏

Die Vorschulkinder haben Kontakt zu Schul-
kindern.   ❏ ❏ ❏   ❏ ❏

Auswertung
Die Ergebnisse werden jährlich im Gesamtteam diskutiert. Es erfolgt eine quantitative Auswertung.

Freigegeben am:	Unterschrift:	Nächste Überprüfung am:

Auswertung des förderlichen Erzieherinnenverhaltens   EVA-QS 8

Ziel
Die Auswertung des förderlichen Erzieherinnenverhaltens dient der Überprüfung und Sicherstellung der Qualität der erzieherischen Leistung. Gleichzeitig ermöglicht sie kollegialen Austausch und Feedback.

Verfahren
Jede Mitarbeiterin sucht sich jährlich eine Teamkollegin aus, von der sie sich ein Feedback anhand der Kriterien des QS »Förderliches Erzieherinnenverhalten« wünscht. Im Rahmen einer halbtägigen Arbeitsphase führt die Mitarbeiterin ihre Arbeiten in der Gruppe durch, die betreffende Teamkollegin beobachtet sie dabei. Damit die Kinder diesen Vorgang nicht mitbekommen, arbeitet sie mit. Nach der Arbeitsphase gibt die Teamkollegin ein Feedback unter Verwendung folgender Kriterien:
1. Wie erlebt die Beobachterin die Beziehung zwischen der Mitarbeiterin und den Kindern?
2. Wie erlebt die Beobachterin
    a) die Reaktionen auf die Bedürfnisäußerungen von Kindern,
    b) die emotionale Zuwendung über häufigen Blickkontakt,

c) die Unterstützung der Kinder darin, ihre eigenen Meinungen und Wünsche zu äußern,
d) die situationsbedingte kontextsteuernde oder aktive Begleitung der Kinder,
e) die Angemessenheit der bestehenden Regeln des Zusammenlebens mit den Kindern?
3. Wie erlebt die Beobachterin die Mitarbeiterin als Vertreterin der pädagogischen Kultur der Einrichtung insgesamt?
4. Zusammenfassend: Wo hat die Mitarbeiterin ihre Stärken? Wo könnte sich die Mitarbeiterin verbessern?

Aufgaben der Beobachterin
- Die Beobachterin versucht das Verhalten der Mitarbeiterin möglichst genau zu beschreiben, dabei aber möglichst wenig zu werten,
- sie hebt die Stärken der Mitarbeiterin hervor und macht konkrete Verbesserungsvorschläge,
- sie gibt Raum für die Selbsteinschätzung der Mitarbeiterin.

Name:	Gruppe:	Zeitraum:
Auswertung:	Reflexion:	
Zu 1:		
Zu 2:		
Zu 3:		
Zu 4:		

Freigegeben am:	Unterschrift:	Nächste Überprüfung am:

Beschwerdemanagement EVA-QS 9

Ziel
Eine zusammenfassende Auswertung der sich im Laufe eines Jahres ergebenden Beschwerden dient der zukünftigen Fehlervermeidung und dem Wissen um die Anforderungen und Wünsche der Eltern.

Verfahren
Alle auftauchenden Beschwerden werden in ein im Teamzimmer aufliegendes Beschwerdebuch nach folgendem Muster eingetragen:

Anlass/Inhalt der Beschwerde	Kurzfristige Lösung	Handlungsbedarf ja/nein

Zum Ende eines Kindergartenjahres erhält eine Mitarbeiterin die Aufgabe, alle Beschwerdehinweise zusammenzufassen. Außerdem wertet sie die Ergebnisse des entsprechenden Abschnittes der Elternbefragung aus (Platz für Hinweise) und legt dem Gesamtteam eine Zusammenfassung aller Beschwerdeaspekte – geordnet nach der Häufigkeit – vor. Die Aspekte werden dann diskutiert und Verbesserungsmaßnahmen eingeleitet.
Die Leiterin überwacht die eingeleiteten Verbesserungsmaßnahmen.

Freigegeben am:	Unterschrift:	Nächste Überprüfung am:

Managementbewertung	EVA-QS 10

Ziel
Alle Ergebnisse der Befragungen, der verschiedenen Evaluationsverfahren sowie alle weiteren zur Verfügung stehenden Daten werden zusammengefasst und bezüglich der Übereinstimmung mit dem Qualitätsmanagementsystem, der Qualitätspolitik sowie den Zielen überprüft. Mögliche bzw. erforderliche Verbesserungsmaßnahmen werden eingeleitet.

Verfahren
Während des Kindergartenjahres werden die verschiedenen Evaluationsergebnisse zusammengetragen. Zum Jahresende fasst die Leiterin alle Ergebnisse zusammen, vergleicht sie mit den Vorjahresergebnissen und stellt fest, ob die Jahresziele erreicht wurden. Sie erläutert ihre Ergebnisse im Gesamtteam und entwickelt mit diesem Verbesserungsmaßnahmen. Ergebnisse und Verbesserungsmaßnahmen fließen in das Zielvereinbarungsgespräch mit dem Träger ein und bilden die Basis für den Jahresbericht.

Teilaspekt	Termin	Bewertung	Verbesserungsmaßnahmen
Erzieherinnenverhalten	Oktober		
Raumgestaltung/ Materialqualität	November		
Mitarbeiterinnenbefragung	Februar		
Pädagogische Angebote Schulvorbereitende Maßnahmen	April		
Beschwerdemanagement Elternbefragungen Fortbildungsmaßnahmen	Juni		

Freigegeben am:	Unterschrift:	Nächste Überprüfung am:

Fortbildungsmaßnahmen   EVA-QS 11

Ziel

Umfassende Kenntnis und Auswertung aller während des letzten Jahres von Teammitgliedern wahrgenommenen Fortbildungsveranstaltungen

Verfahren

Jede Mitarbeiterin dokumentiert und bewertet die besuchten Fortbildungen nach folgendem Schema:

Fortbildungs-thema	Inhalte	Neue Erkenntnisse	Umsetzung in der Einrichtung	Fortbildung empfehlenswert ja/nein/bedingt

Die Leitung wertet am Ende jedes Kindergartenjahres die Dokumentation aus und erstattet dem Gesamtteam Bericht. Das Ergebnis der Auswertung fließt in die weitere Fortbildungsplanung ein.

Freigegeben am:	Unterschrift:	Nächste Überprüfung am:

4. Dokumentationssystem

Qualitätshandbuch Band II

- Pädagogische Qualitätsstandards
- Strukturelle Standards und Vorgaben
- Evaluationsverfahren
- **Dokumentationssystem**

Die umfassende Darstellung eines möglichen einrichtungseigenen Dokumentationssystems würde den Rahmen dieses Buches sprengen. Nachfolgend werden deshalb nur einige Beispiele für Dokumentvorlagen dargestellt. Diese können dann in das jeweils vor Ort vorhandene einrichtungseigene Dokumentationssystem eingefügt werden.

Kinderakte

Anmeldebogen	Dok 1
Kinderbeobachtungsbogen	Dok 2
Elterngespräch	Dok 3
Fördermaßnahmen	Dok 4

Gruppenakte

Kleingruppenangebote	Dok 5
Schulvorbereitende Maßnahme	Dok 6
Gruppenelternabend	Dok 7

Hausakte

Gruppenübergreifendes Angebot	Dok 8
Ausflug	Dok 9
Fest	Dok 10
Elternabend	Dok 11

Teamakte

Teambesprechung	Dok 12
Fortbildungsmaßnahme	Dok 13

Personalakte

Mitarbeitergespräch	Dok 14

Kooperation

Teilnahme an Arbeitskreisen	Dok 15
Öffentlichkeitsarbeit	Dok 16
Zusammenarbeit mit anderen Einrichtungen	Dok 17

Aufnahmevertrag

2fach (1 Exemplar für Kindergarten,
1 Exemplar für Personensorgeberechtigte)

Familienname und Vorname des Kindes

Geburtsdatum

Straße

Wohnort

Staatsangehörigkeit

Religion

Aufnahme des Kindes am

Austritt am

Grund

Das Kind hat bereits eine Einrichtung besucht:

Telefon

Familienname und Vorname der Personensorgeberechtigten

Straße

Wohnort

Tagsüber erreichbar unter Tel.-Nr.

Staatsangehörigkeit

Religion

Familienname und Vorname der Personensorgeberechtigten

Straße

Wohnort

Tagsüber erreichbar unter Tel.-Nr.

Staatsangehörigkeit

Religion

Familienname und Vorname der Pflegeperson/en bei Pflegekindern

Tagsüber erreichbar unter Tel.-Nr.

Straße

Wohnort

Staatsangehörigkeit

Religion

Vornamen der Geschwister:

1.   Geburtsdatum

2.   Geburtsdatum

3.   Geburtsdatum

Abholung des Kindes - von wem?

Name

Vorname

© Bayerischer Landesverband kath. Tageseinrichtungen für Kinder e. V. - Vervielfältigung oder

Der Aufnahmevertrag wird ständig überarbeitet und dem neuesten Kenntnisstand angepasst (4. Auflage August / 2000).

Straße

Wohnort

Telefon

**Es besteht Einverständnis,
dass das Kind alleine nach Hause geht:**

☐ ja ☐ nein

Schutzimpfungen

1.

2.

3.

4.

Letzte Tetanusimpfung

Ärztliches Attest vom

Bemerkungen zum Gesundheitszustand:
(vgl. Nr. 2 und 9)

Name des Hausarztes

Straße

Ort

Telefon

Name der Krankenkasse

Vereinbarungen:

Regelbetreuungszeit: von _____ Uhr

bis _____ Uhr

Sonstige Vereinbarungen:

Kosten: (vgl. Nr. 5)

Monatsbeitrag DM / €

Essensgeld DM / €

Spielgeld DM / €

Sonstige zusätzliche Kosten / Sondervereinbarungen

Gesamtbeitrag DM / € / Monat

Die Kosten werden jährlich überprüft
und gegebenenfalls neu festgelegt.
Mir/uns ist die Kindergartenordnung ausgehändigt worden.
Ich/wir erkennen sie in ihrer jeweils gültigen Fassung
als verbindlich und als Bestandteil dieses
Aufnahmevertrages an.
Das durch den Aufnahmevertrag begründete
Betreuungsverhältnis schließt eine „Schnupperphase"
des Kindes mit ein.
Der Vertrag (2fach) ist von den Personensorgeberechtigten und vom Träger zu unterschreiben.

Ort/Datum

Unterschrift des Trägers oder seines/r Beauftragten

Unterschrift des/der Personensorgeberechtigten

Unterschrift des/der Personensorgeberechtigten

Abdruck - auch auszugsweise - darf nur mit Genehmigung des Herausgebers erfolgen.

Bezug: Bayerischer Landesverband Kath. Tageseinrichtungen für Kinder e.V.,
Lindwurmstr. 10, 80337 München, Tel. 089/530725-0, Fax 089/530725-25

Kinderbeobachtungsbogen					Dok 2

Kind: **Alter:**   **Datum der Beobachtung:**

+ + sehr gut entwickelt; **+** gut entwickelt; **+/−** teils entwickelt; **−** ansatzweise vorhanden;
− − deutlicher Förderbedarf erkennbar

	++	+	+/−	−	− −
Selbstständigkeit (zum Beispiel beim An-/Ausziehen, Aufräumen, Eigenverantwortlichkeit etc.)	❏	❏	❏	❏	❏
Sozialverhalten (Umgang mit anderen, Rücksichtnahme, Konfliktfähigkeit, Frustrationstoleranz etc.)	❏	❏	❏	❏	❏
Emotionalität/Affektivität (Gefühlserleben, Empathie …)	❏	❏	❏	❏	❏
Wahrnehmung (Auge-Hand-Koordination, Sehen, Hören, Riechen, Schmecken, Fühlen, Tasten etc.)	❏	❏	❏	❏	❏
Lern-/Arbeitsverhalten (Konzentration, Ausdauer, Merkfähigkeit, logisches Denken, Umgang mit Zahlen etc.)	❏	❏	❏	❏	❏
Kreativität (Ideenreichtum, Fantasie, künstlerische Fähigkeiten, Spielideen etc.)	❏	❏	❏	❏	❏
Grob- und Feinmotorik (Grundbewegungen, Koordination, schneiden, falten, feilen, Fingerspiele etc.)	❏	❏	❏	❏	❏
Sprache (Verständnis, Wortschatz, Grammatik, Ausdruck, Sprechfreude etc.)	❏	❏	❏	❏	❏
Mitarbeit bei Angeboten (Vorlieben, Interessen, Abneigungen etc.)	❏	❏	❏	❏	❏
Spielverhalten (Ideenreichtum, Partnerwahl, Ausdauer, Kreativität etc.)	❏	❏	❏	❏	❏

Gegebenenfalls detaillierte Anmerkung zu einzelnen Bereichen:

....

....

....

....

Gesamteinschätzung: ++ + +/– – ––
  ☐ ☐ ☐ ☐ ☐

Möglicher Förderbedarf:

....

....

....

....

Freigegeben am:	Unterschrift:	Nächste Überprüfung am:

Elterngespräch Dok 3

Anlass des Gesprächs: ❑ Aufnahmegespräch
❑ Entwicklungsgespräch
❑ Sonstiges

Vorüberlegungen:

....

....

Ziele:

....

....

Gesprächsverlauf:

....

....

....

....

Ergebnisse/Vereinbarungen:

....

....

Kurzkommentar/Fachliche Einschätzung:

....

....

Freigegeben am:	Unterschrift:	Nächste Überprüfung am:

Fördermaßnahme			Dok 4
Kind:	Alter:	Zeitraum von ... bis ... :	Verantwortlich:

Problembeschreibung:

....
....
....

Ziele:

....
....

Fördermaßnahmen:

....
....

Reaktionen des Kindes:

....
....
....

Fachliche Einschätzung/Zukünftiger Förderbedarf:

....
....

Freigegeben am:	Unterschrift:	Nächste Überprüfung am:

| Kleingruppenangebot | Dok 5 |

Vorüberlegungen:

....

....

Ziele:

....

....

Methodisches Vorgehen/Verwendete Materialien:

....

....

....

Verlauf:

....

....

Reaktionen einzelner Kinder:

....

....

Fachliche Einschätzung/Kurzkommentar:

....

....

....

| Freigegeben am: | Unterschrift: | Nächste Überprüfung am: |

Schulvorbereitende Maßnahme	Dok 6

Thema: **Teilnehmer:**

....

Vorüberlegungen:

....
....

Ziele:

....
....

Verlauf:

....
....
....

Mögliche Weiterführung:

....
....

Kurzkommentar/Fachliche Einschätzung:

....
....
....

Freigegeben am:	Unterschrift:	Nächste Überprüfung am:

Gruppenelternabend   **Dok 7**

Anlass/Thema:
....

Ziele:
....
....

Verlauf:
....
....

Teilnehmer/innen:
....
....
....

Reaktionen/Fragen/Wünsche der Eltern:
....
....
....

Kurzkommentar:
....
....

Freigegeben am:	Unterschrift:	Nächste Überprüfung am:

Gruppenübergreifendes Angebot	Dok 8

Thema:
....

Ziele:
....
....

Methodisches Vorgehen/verwendete Materialien:
....
....

Verlauf:
....
....
....

Teilnehmer/innen:
....
....

Reaktionen der Kinder:
....
....

Kommentar:
....
....

Freigegeben am:	Unterschrift:	Nächste Überprüfung am:

Ausflug	**Dok 9**

Anlass/Thema:

....

....

Zielort/Ziele:

....

....

....

Teilnehmer/innen:

....

....

Verlauf:

....

....

Besondere Vorkommnisse:

....

....

Kommentar:

....

....

....

Freigegeben am:	Unterschrift:	Nächste Überprüfung am:

Fest	Dok 10

Anlass/Thema:
....

Ziele:
....
....

Verlauf:
....
....
....

Teilnehmer/innen:
....
....

Reaktionen:
....
....

Kommentar:
....
....

Freigegeben am:	Unterschrift:	Nächste Überprüfung am:

Muster Qualitätshandbuch Band II

Elternabend Dok 11

Anlass/Thema:
....

Ziele:
....
....

Verlauf:
....
....
....

Teilnehmer/innen:
....
....

Reaktionen/Fragen/Wünsche der Eltern:
....
....

Kommentar:
....
....

| Freigegeben am: | Unterschrift: | Nächste Überprüfung am: |

Teamsitzung	Dok 12

Gesamtteam .... ❏

Gruppenteam: .... ❏

Planungsteam .... ❏

Datum: .... **Protokollantin:** ....

Informationsteil (stichwortartig)

....

....

....

Beschlussteil:

Thema	Beschluss	Zuständigkeit	Termin	Erledigt am/von

Freigegeben am:	Unterschrift:	Nächste Überprüfung am:

| **Fortbildungsmaßnahme** | **Dok 13** |

Name:

....

Thema:

....

....

Ziel der Fortbildung:

....

....

Inhalte:

....

....

Umsetzung in der täglichen Arbeit / Geplante Umsetzungsschritte:
Bericht im Team am:

....

....

....

Kommentar:

....

....

| Freigegeben am: | Unterschrift: | Nächste Überprüfung am: |

Mitarbeitergespräch	Dok 14

Teilnehmer/in:
....

Zentrale Inhalte des Gesprächs (zum Beispiel Pädagogisches Konzept/ Raumgestaltung/Zusammenarbeit mit den Eltern/Vernetzung und Kooperation):
....
....

Ziele der Weiterentwicklung der Mitarbeiterin (zum Beispiel eigene Aufgaben und Verantwortlichkeiten/Erzieherinnenverhalten/Einschätzung eigener Kompetenzen und Fähigkeiten/Vorstellungen zur eigenen beruflichen Weiterentwicklung):
....
....

Aspekte der Zusammenarbeit im Team und mit der Leitung (zum Beispiel Rolle im Team/Zusammenarbeit mit den Kolleginnen, mit der Leitung etc.):
....
....

Unterstützungsmaßnahmen/Fortbildungsbedarf:
....
....

Kommentar:
....
....

Freigegeben am:	Unterschrift:	Nächste Überprüfung am:

Teilnahme an Arbeitskreisen　　　　　　　　　　　　　　　　　　　　**Dok 15**

Art des Arbeitskreises:

....

Teilnehmer/innen:

....
....
....

Thema/Datum:

....
....

Verlauf:

....
....
....

Ergebnisse:

....
....

Bericht im Team am:
Kommentar:

....
....

Freigegeben am:	Unterschrift:	Nächste Überprüfung am:

Öffentlichkeitsarbeit Dok 16

Anlass/Thema:

....

....

Datum	Art der Öffentlichkeitsarbeit	Anlage Nr.

Freigegeben am:	Unterschrift:	Nächste Überprüfung am:

MUSTER Qualitätshandbuch Band II

Zusammenarbeit mit anderen Einrichtungen / Diensten   Dok 17

Anlass/Thema:
....
....

Teilnehmer/innen:
....
....

Ziele:
....
....

Verlauf:
....
....
....

Wichtige Impulse und Anregungen:
....
....

Kommentar:
....
....

Freigegeben am:	Unterschrift:	Nächste Überprüfung am:

Qualitätshandbuch Band III

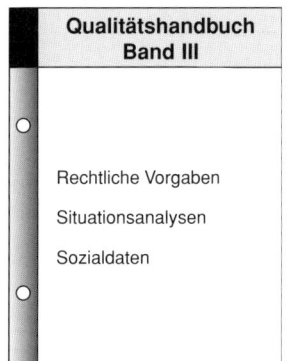

Gesetzliche Vorschriften: Kinder- und Jugendhilfegesetz (KJHG)
Länderspezifische gesetzliche Regelungen
Kommunale Regelungen etc.

Statistiken: Bevölkerungsentwicklung
Kinder- und Jugendhilfeplanung
Kindertagesstättenplan etc.

Sozialdaten/Umfeldanalysen: Stadtteilanalyse
Elterndaten
Netzwerkpartner etc.

Aus Platzgründen und aufgrund vielfältiger länderspezifischer Gesetze und Regelungen wurde darauf verzichtet, zu diesem Kapitel Beispieltexte zu formulieren. Es liegt in der Verantwortung der Leiterin, die jeweils aktuellste Fassung der gesetzlichen Vorgaben, Sozialdaten und Statistiken der Jugendhilfeplanung in Band III des Qualitätshandbuches zu pflegen.

Literatur

Birner, U./Fexer, H. (1999): Qualitätsmanagement für Soziale Einrichtungen. Entscheidungshilfe. Begriffserklärung. Grundlagen. Verlag R.S. Schulz. Starnberg.

Bongard, B./Schwarzkopf, F. (2000): Viele Ideen – ein Profil. Methoden der Leitbildentwicklung und Zielbestimmung für engagierte Teams. Don Bosco. München.

Bostelmann, A./Metze, T. (2000): Der sichere Weg zur Qualität. Kindertagesstätten als lernende Unternehmen. Luchterhand-Verlag. Neuwied, Kriftel, Berlin.

Büttner, Ch./Dittmann, M. (1999): Kindergartenprofile. Beltz Verlag. Weinheim, München.

Clarke-Stewart, K.A. (1998): Qualität der Kinderbetreuung in den Vereinigten Staaten von Amerika. In: Qualität von Kinderbetreuung. Konzepte, Forschungsergebnisse, internationaler Vergleich. Hrsg. von W.E. Fthenakis und M.R. Textor. Beltz-Verlag. Weinheim und Basel. S. 148–160.

Erath, P./Amberger, C. (2000a): Das KitaManagementKonzept. Kindertagesstätten auf dem Weg zur optimalen Qualität. Herder-Verlag. Freiburg/Breisgau.

Erath, P./Amberger, C. (2000b): Vom Kindergarten zum Kinderhaus. Bedarfsgerechte Weiterentwicklung in acht Schritten. Don Bosco Verlag. München.

Glaap, W. (1996): ISO 9000 leicht gemacht. Praktische Hinweise und Hilfen zur Entwicklung und Einführung von QM-Systemen. 2. überarbeitete Auflage. Hanser-Verlag. München, Wien.

Heinz, R. (2000): Kommunales Management. Überlegungen zu einem KGSt-Ansatz. Schäffer-Poeschel Verlag. Stuttgart.

Irsken, B./Preissing, Ch. (o.J.): Damit wir wissen, was wir tun! Methoden zur Erstellung eines pädagogischen Konzeptes. In: Materialien für die sozialpädagogische Praxis, Nr. 15, Deutscher Verein für öffentliche und private Fürsorge (Hrsg.). Frankfurt.

Jansen, F./Wunderlich, T. (1999): Katholische Kindergärten auf Entwicklungskurs. Verband Katholischer Tageseinrichtungen für Kinder – Bundesverband e.V. (Hrsg.), Freiburg.

Jansen, F./Wenzel, P. (1999): Von der Elternarbeit zur Kundenpflege. Don Bosco Verlag. München.